MARTINA BACKHAUSEN

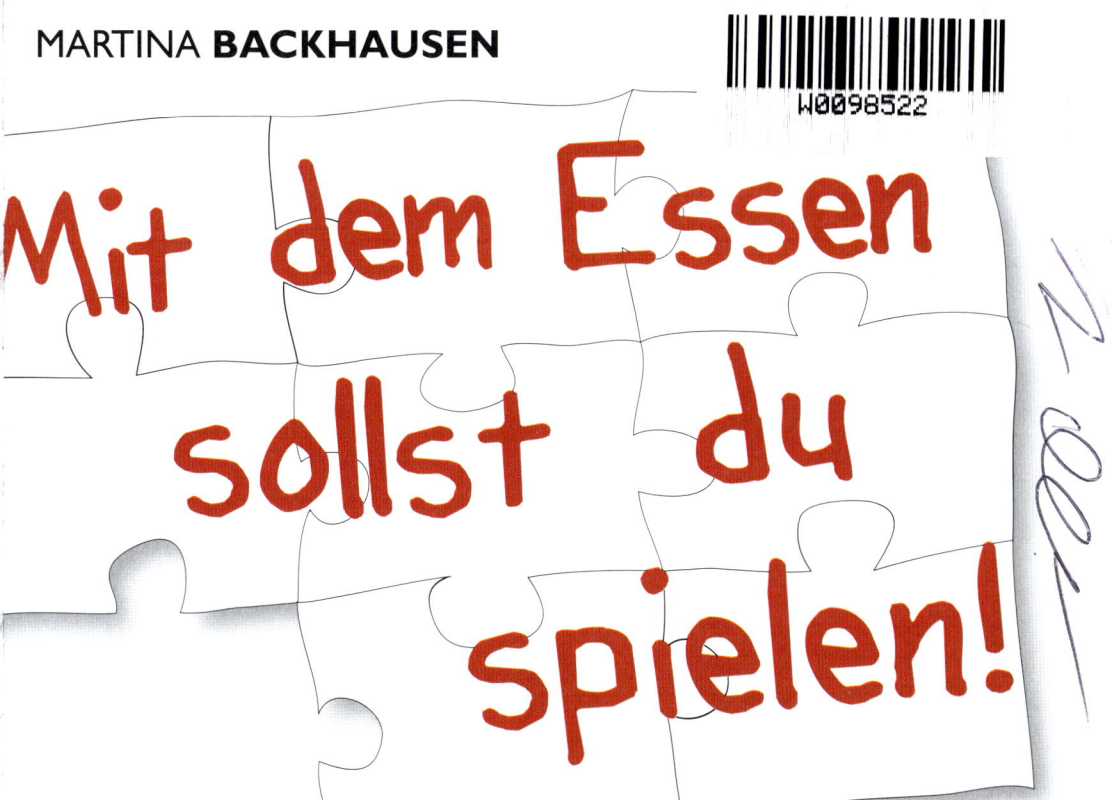

Mit dem Essen sollst du spielen!

Dieses Buch gehört:

braumüller

Inhalt

Einleitung 6

Fit oder schlapp?

Was magst du? 10
Fit oder schlapp? 11

Lebensmitteldetektiv

Detektivausweis 14
Detektivausbildung 15
Unter Beobachtung 16
Frisch ermittelt 17
Scharfer Blick 18
Lebensmittelrätsel 19

Süße Verstecke

Lust auf Süßes? 22
Süßes erlaubt? 23
Deine Naschbox 24–25

Energie tanken

Energie tanken 28
Die tollen 5! 29
Fehlersuche 30
Mein Körper ist ein Haus 31
Bewegungsspiele 32
Suchspiel 33
Maskenspiel 34
Virus gegen Miniagent 35
Teller zum Spielen 36
Spielteller 37–42
Angelspiel 43

Wie viel müssen wir essen?

Die gesündeste
Pyramide der Welt 46–47
Ernährungskreis 48
Isst du das Richtige? 49
Ernährungskreis basteln 50
… und spielen 51
Eierpusten 52
Kartoffelkönig 53
Alles in Butter? 54
Was Schmackofit mag! 55

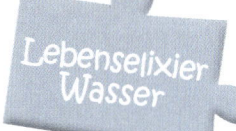

Lebenselixier Wasser

Was macht das Wasser
in deinem Körper? 58
Wasserzähler 59
Wasserversuche 60
Luft und Wasser 61
Wassertricks 62
Wasserverlust 63

Inhalt

Bissenreise 66
Fingerfahrt 67
Bauch-Achterbahn 68

Raketenbau 72–73
Stinker neutralisieren 74
Säure-Angriff! 75

Wie tickt dein Körper? 78
Deine innere Uhr 79
Heute schon gefrühstückt? 80
Frühstücksideen 81

Einkaufen 84
Besser einkaufen 85
Glückliche Hühner 86–87
Bio-na-logisch! 88–89

Geschmacksschule 92
Mit der Nase schmecken 93
Hör gut zu 94
Mit allen Sinnen 95

Faire Lebensmittel 98
Lebensmittel
mit gutem Gewissen 99
Für deine fleischfreien Tage 100
Fleisch richtig auswählen............. 101
Dein CO_2-Sparbuch 102
Das CO_2-Fußabdruck-Spiel.. 103–105

Inhalt

Teste dich!

Zu dick? Zu dünn? 108
Gerade richtig? 109
Ernährst du dich gesund? 110–111

Snacks

Snacks, die fit machen 114
Den Affen abgeschaut? 115
Jausenspiel 116–117
Jausenvariationen 118–119
Füllungen für deine Jausenbox 120
Jausen-Check 121

Kau dich schlau

Deine Kommandozentrale 124
Wunderwerk Gehirn 125
Denkerbrote? 126
Denker-Kaugummi 127
Denke weiter 128
Denkleistung 129
Hirn-Nahrung 130–131
Brain-Food-Frühstück 132
Schmackofit-Song 133

Zähne mit Biss

Bakterienschau 136
Gut oder schlecht für die Zähne?. 137
Wackelzahnspiel 138
Zahnpuzzle 139

Auf Vorrat

Wähle die richtigen Lebensmittel. 142
Kühlschrank-Check 143
Kühlschrank-Spiel 144–147

Hunger!

Hunger oder Appetit? 150
Koch noch mal! 151
Käse als Hauptspeise 152
Ran an den Herd! 153
Süßes für Schmackofits 152
Noch mehr Süßes 153
Koch-Geschichte 154
Essen mit Fingern! 155
Von wegen nur gesund! 156
Unser Menü 157
Mit dem Essen sollst du spielen –
das Spiel 158–159

In diesem Buch dreht sich alles um das Essen. Um die Kraft und Energie des Essens wirklich zu begreifen, gibt es hier jede Menge zu erforschen, knobeln, basteln & spielen – und natürlich auch allerlei Köstliches zum Nachkochen und Ausprobieren.

Ich toure seit einigen Jahren mit meinem Schmackofit durch die Klassenzimmer, aber wir können nicht überall hinkommen, darum schrieb ich dieses Buch, denn so ist es möglich, dass Schmackofit und ich an mehreren Orten gleichzeitig auftauchen können – krass!

Viel Spaß

Martina + Schmackofit

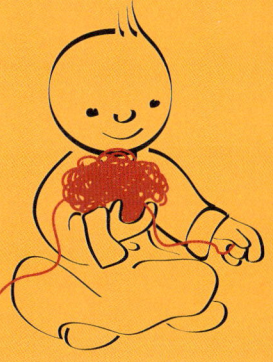

Mit Schmackofit kannst du ...

Entdecke mit der Comicfigur „SCHMACKOFIT" die Welt der Ernährung. Lustige Aufgaben, spannende Rätsel und abwechslungsreiche Spiele rund um das Essen warten auf dich!

Die Mal- und Bastelvorlagen sind mit diesem Zeichen markiert: Das bedeutet, du kannst deine Eltern bitten, solche Vorlagen von der Webseite www.schmackofit.at herunterzuladen. Komplette Liste: Beiheft Seite 63

Der Stift zeigt dir: Hier darfst du ins Buch malen!

Schmackofit begleitet dich nicht nur durch das ganze Buch, sondern zieht auch einen roten Faden durch die Seiten.

„Ich bin der gute Geist der Ernährung. Mein Name ist Schmackofit, denn im Ernährungsdschungel werden wir alle nach unseren Essgewohnheiten benannt! Ich esse alles, was schmackhaft ist und mich fit macht."

Finde den Schmackofit

Bastelanleitung:

Für dieses Spiel benötigst du einen kleinen Schmackofit. Schneide dafür den Schmackofit einfach samt Streifen aus, biege ihn um deinen Finger und befestige den Streifen mit Klebeband.

Spielanleitung:

Nun wird der kleine Schmackofit aus Papier im Raum versteckt. Am besten schließen die Mitspieler vorerst kurz die Augen. Ist der Schmackofit versteckt, stehen alle auf und gehen auf die Suche.
Jeder, der den gesuchten Schmackofit entdeckt, setzt sich hin.
Der Letzte versteckt als Nächstes den Schmackofit.

Du brauchst:
- Ausdruck auf Papier
- Schere
- Klebstoff
- 2–25 Mitspieler

Würdest du mit Schmackofit im Ernährungsdschungel leben, welchen Namen hättest du?
Allesesser, Naschkatze, Langweilstopfer, Langsamgenießer, Lecker-Schlecker ...

Fit oder schlapp?

Was magst du?

Umrande deine Lieblingsspeisen. Interviewe auch deine Eltern, was sie besonders gerne essen und ob es etwas gibt, das sie früher besonders gerne gegessen haben, aber heute gar nicht mehr so mögen oder umgekehrt!

INFO

Je älter du wirst, umso mehr Geschmacksrichtungen lernst du kennen. Sei neugierig und probier Neues aus. Isst du immer nur deine Lieblingsspeisen, kommt dein Körper zu kurz!

Fit oder schlapp?

Werde fit wie Schmackofit!
Kreise die Lebensmittel, die fit machen, orange ein, und die, die schlapp machen, schwarz.

"Du kannst alle Lebensmittel und Speisen in Schlapp- und Fitmacher einteilen."

INFO
Du brauchst 7–10 Fitmacher pro Tag und darfst dir 2 Schlappmacher gönnen! Suche dir doch gleich deine genussvollen Schlappmacher für heute aus!

7 – 10 Fitmacher pro Tag   2 Schlappmacher pro Tag

Detektivausweis

Bastle dir einen Detektivausweis. Wenn du alle 5 Aufgaben gemeistert hast, bist du ein Lebensmitteldetektiv in deiner Familie.

Ein guter Detektiv braucht ein gutes Gedächtnis, einen hervorragenden Geruchs- und Geschmackssinn und eine gute Beobachtungsgabe.

Detektivausbildung

Mache die folgenden 5 Aufgaben und schon bist du Schmackofits Lebensmitteldetektiv! So wird das Einkaufen gleich viel spannender.

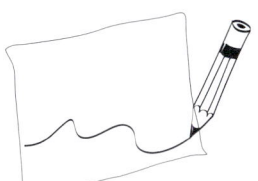

1.

Spurensicherung & Personenbeschreibung

Braunes, lockiges, kinnlanges Haar
dicker Bauch   Vollbart
Brille   Lupe   karierte Kappe

Kannst du ein möglichst genaues Bild von unserem Detektiv anfertigen?

Unter Beobachtung

Was gehört nicht dazu?

Hast du eine gute Beobachtungsgabe und erkennst du, welcher Begriff nicht dazu passt?

1 Hund – Erdbeere – Olive – Schnitzel – Schokolade

2 Eisen – Ei – Ärmel – Einmachglas – Eiffelturm

3 Limonade – Rübe – Milch – Saft – Wasser

4 Erbsen – Brokkoli – Kohl – Tomate – Spinat

„Teste mindestens einmal pro Woche eine neue Frucht, ein neues Gericht oder ein neues Gewürz."

INFO

Wusstest du, dass du von einer Speise oder einem Lebensmittel mindestens fünf Mal gekostet haben musst, um zu wissen, ob es dir schmeckt?

Frisch ermittelt

Geschmack

Nun muss geprüft werden, ob auch ausreichend Geschmackssinn vorhanden ist.

Probiere nun mit geschlossenen Augen, ob du z. B. Zitrone, Zucker, Salz, Saft erschmecken kannst?

3.
Alles erkannt?

	ja	nein
Zitrone		
Zucker		
Salz		
Saft		
Gurke		
Sellerie		
Karotte		
Apfel		

Du brauchst:
- 1 Augenbinde
- Zum Testen: etwas Salz, Zucker, Saft, Zitronensaft, würfelig geschnittenes Gemüse und Obst

INFO

Mit verbundenen Augen lenkst du deine ganze Konzentration auf das Schmecken. Gleichzeitig verbesserst du so deine Wahrnehmung.

Scharfer Blick

Spielanleitung:

Lege verschiedene Gegenstände, die zu einer guten Detektivausrüstung gehören, auf den Tisch. Das können zum Beispiel Dinge wie eine Lupe oder ein Notizblock sein. Dein detektivisches Gehirn soll auf seine Merkfähigkeit getestet werden, darum gehören auch Lebensmittel wie etwa 1 Apfel, 1 Scheibe Brot, 1 Becher Joghurt, ein paar Nudeln und 1 Kartoffel auf den Tisch.

Du darfst dir alles eine halbe Minute lang einprägen, dann wird ein Gegenstand oder Lebensmittel entfernt. Was fehlt?

Du brauchst:
- Ev. Lupe
- Notizblock
- Lebensmittel (Apfel, Brot, Joghurt, Nudeln)

„Wenn du ein gutes Gedächtnis hast, konntest du dir alle Lebensmittel und Gegenstände merken."

Lebensmittelrätsel

Detektive aufgepasst!

Als Nahrungsdetektiv schnüffelst du hauptsächlich im Ernährungsbereich. Kannst du anhand der Zutatenliste erraten, was es ist?

53 % Tomatenmark, Wasser, modifizierte Stärke, Speisesalz, Säureessig, Rote-Rüben-Saftkonzentrat, Gewürze, Gewürzextrakte, Säuerungsmittel Zitronensäure, Süßstoff Sucralose

Hartweizenmehl, 28 % Ei

Milch mit 1,8 % Fett, Inulin, Calciumcarbonat, Vitamin D

Weizenmehl, Pflanzenöl, Salz, Hefe, Malz, E524

„Augen auf, die Wahrheit steht meist auf der Rückseite."

zu tun

Wähle ein Produkt aus: Lies die Zutatenliste laut vor und lasse Familienmitglieder raten, um welches Produkt es sich handelt! Die Zutatenliste ist sozusagen das Rezept des Produktes.

Schicke die Lösung des Rätsels bitte an: info@schmackofit.at

Lust auf Süßes?

> „Mach etwas gegen deinen Süßhunger: Gönne dir kleine Mengen Süßes und achte auf Fitmacher!"

Hast du manchmal Lust auf Süßes?

Wie entsteht Süßhunger?

1. Du brauchst dir nur Süßes zu verbieten und schon entsteht große Lust auf Süßes, denn der einfachste Weg, seine Gedanken fortlaufend auf Süßigkeiten zu lenken, ist das Verbot.

2. Du isst fortwährend das Gleiche. Denn Süßhunger entsteht auch, wenn du nicht abwechslungsreich isst. In einer abwechslungsreichen Ernährung spielen Getreideprodukte, Obst, Gemüse, Nudeln, Reis und Rohkost eine große Rolle. Kommt die Zufuhr der benötigten Nährstoffe zu kurz, entsteht Süßhunger.

zu tun

Teste dich und andere Familienmitglieder: Hast du manchmal Lust auf Süßes und wann hast du Naschgusto?

Süßes erlaubt?

Wofür braucht unser Körper überhaupt Zucker?

Zucker ist ein Kohlenhydrat. Und Kohlenhydrate sind neben Fett ein wichtiger Energieträger für den Menschen. Unser Körper wandelt aber Kohlenhydrate selbst in Zucker um, wir müssten ihn also gar nicht extra zu uns nehmen.

Was löst Zucker im Körper aus?

Wenige Minuten, nachdem wir etwas Süßes heruntergeschluckt haben, passiert der Zucker die Blutschranke und kurbelt die Produktion einer großen Menge Insulin an.

Du weißt schon, meist steckt zu viel Zucker in der Nahrung, doch wie viel, entdecke selbst.

Drehe am Zuckerrad und entdecke die Zuckerverstecke!

Insulin ist ein Hormon, das wie ein Schlüssel benötigt wird, damit der Zucker in die Zelle kommt. Seine Aufgabe ist es, den Zucker in allen Körperzellen und Organen zu verteilen, damit diese daraus Energie gewinnen. Ist seine Aufgabe erledigt, löst das ein Hungergefühl oder Lust auf Süßes aus und man befindet sich inmitten eines Teufelskreises.

Eine Handvoll Süßes ist erlaubt!
Übrigens: 15 Stück Würfelzucker ist die Zuckermenge, die täglich in unseren Lebensmitteln versteckt sein darf!

Deine Naschbox

Bastle dir eine Naschbox. Gestalte eine Schuhschachtel, Geldbox, eine kleine Schatztruhe oder Ähnliches je nach Lust und Laune.

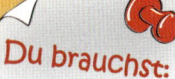

Du brauchst:
- 1 Schachtel/Box
- Klebstoff
- Ev. Sticker und Material zum Verzieren
- Farben, Buntstifte

Früchte und Müsli

Apfelringe	5 Stück
Bananenchips	8 Stück
Müsliriegel	1 Riegel
Fruchtschnitte	1 Riegel

Gönne dir eine Portion Süßes!

Schokoladiges

Schokolade	1 Rippe
Kinderschokolade	1 kl. Riegel
Schokobons	3 Stück
Gefüllte Praline	1 Stück
Schokokeks	2 Stück

zu tun

Klebe deine Spickzettel mit den idealen Portionsgrößen pro Nascheinheit auf die Innenseite des Deckels. So behältst du die empfohlene Naschportionsgröße im Auge!

Gebäck und Schnitten

Schnitten	2 Stück
Kokosriegel	½ Stück
Karamell-Schokoriegel	½ Stück
Schokoriegel mit luftiger Cremefüllung	1 Stück
Schaumbombe	1 Stück

Eis

Wassereis	1 Stück
Schokoladeneis	1 Kugel
Fruchteis	2 Kugeln
Joghurteis	1 Becher

Zuckerwaren

Fruchtgummi	15 Stück
Drops	5 Stück
Traubenzucker	5 Stück

Knabberwaren

Chips	1 kl. Handvoll
Salzstangen	40 Stück
Nüsse	1 Handvoll
Popcorn	2 Hände voll

Energie tanken

Ein Auto fährt, wie du ja weißt, nicht mit Milch, sondern nur mit Benzin. Meine Meerschweinchen brauchen Heu, Salat und sie lieben Petersilie über alles. Von einem Fleischlaibchen mit Püree werden sie krank. Auch wir Menschen brauchen die richtige Nahrungsenergie.

Energie, die fit macht

Du brauchst Energie, um zu laufen, zu spielen, um nachzudenken. Wenn du nichts isst oder das Falsche, wirst du ganz schlapp. Auch unser Körper braucht den richtigen Kraftstoff, nämlich Energie aus Eiweiß, Fett & Kohlenhydrate sowie Miniagenten, nämlich, Mineralstoffe und Vitamine.

Eiweiß, Fett und KOs liefern dir die Energie, die dein Körper braucht, Wasser und Miniagenten machen die tollen 5 komplett!

Die tollen 5!

Eiweiß: In unserem Körper bestehen Muskeln, Haut, Haare, Nägel und Blut hauptsächlich aus Eiweiß. Jeder von uns hat sein ganz eigenes Eiweiß. Zum Wachsen brauchst du Eiweiß! Außerdem wird es zur Zellerneuerung benötigt. Das heißt, alte und abgestorbene Zellen müssen durch neue ersetzt werden.

Fett: Fett hat viele Aufgaben: Es ist eine Energiereserve, schützt einige Organe und ist wichtig für die Vitamine A, D, E und K. Wusstest du, dass Fett uns satt macht, weil die Nahrung langsamer verdaut und aufgenommen wird?

KOs: Es gibt zwei große Familien bei den „KOs", den Kohlenhydraten, nämlich die Zuckerfamilie und die Stärke. Dein Körper bevorzugt die Stärke. Da der Zucker so konzentriert ist, ist es leicht, zu viel davon zu verzehren.

Miniagenten: Dazu gehören die Vitamine und Mineralstoffe, die verschiedene Aufgaben im Körper haben. Du kennst sicher z. B. das Vitamin C oder den Mineralstoff Kalzium für Knochen und Zähne.

Wasser: Unser wichtigstes Lebensmittel ist sicherlich das Wasser. Alle Stoffe, die innerhalb des Körpers transportiert werden, sind in Flüssigkeit gelöst. Der Wasseranteil im Körper ist also hoch.

INFO: Eiweiß, Fett und KOs sind gut versteckt! In Wirklichkeit sind die Bau- und Wirkstoffe deiner Nahrung klitzeklein.

Fehlersuche

Finde die sieben Unterschiede!

Das obere Bild unterscheidet sich vom unteren Bild.

Entdeckst du die Unterschiede? Dann kreise sie mit einem Stift ein.

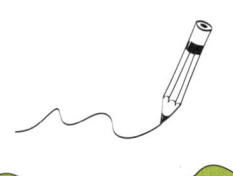

Mein Körper ist ein Haus

Stell dir vor, dein Körper sieht aus wie ein Haus. Ein Haus, das von vielen Bauarbeitern ständig weitergebaut wird, manchmal muss es repariert werden und immer wird es in Ordnung gehalten.

Dazu braucht man verschiedene Werkzeuge und Baustoffe, außerdem Rohre und Leitungen. Schlechte Baustoffe und Müll verstopfen die Wege im Haus. Wenn die Bauarbeiter klebriges Zeug von vielen Süßigkeiten wegputzen müssen, werden sie sehr müde und die Arbeit geht nur langsam voran.

Das Körperhaus wird aus den Materialien gebaut, die wir essen. Aus den Eiweißbausteinen, die in Milch, Fleisch, Fisch oder Ei stecken, werden Muskeln aufgebaut. Nur mit Energie können die Bauarbeiter arbeiten, diese Energie wird von Kohlenhydraten erzeugt. Die zuckrigen KOs schmecken süß, die anderen KO-Baustoffe nennt man Stärke und kommen z. B. in Brot, Nudeln, Reis und Kartoffeln vor. Und dann gibt es da noch die Ballaststoffe – sie stecken im vollen Korn oder in der Schale eines Apfels, damit wird unser Haus schön sauber gehalten. Fehlen sie, wird es verstopft und man hat ein sehr volles Gefühl im Bauch.

Male ein Haus auf ein Blatt Papier. Schneide Lebensmittel aus Werbungen aus und beklebe damit dein Körperhaus.

Bewegungsspiele

Du brauchst:
- Mehrere Mitspieler
- Eiweiß, Fett und KO auf Papier aufgemalt oder ausgedruckt
- Klebestreifen
- Musik

„Die Vorlagen sind auf der Homepage!"

Spielanleitung:

Im Raum werden die 3 Plätze für Eiweiß, Fett und KO bestimmt. Jeder Mitspieler erhält einen Eiweiß-, Fett- oder KO-Aufkleber und befestigt diesen gut sichtbar.

Alle Spieler bewegen sich flott zu einer Musik. Bei Musikstopp müssen die Spieler zur jeweiligen Basisstation von Eiweiß, Fett und KO laufen.

Schwieriger wird es, wenn ihr euch im Kreis setzt, und nun sagt ein Spielleiter an, wer Plätze tauschen soll: z. B. Eiweiß mit Fett. Nur wenn der Spielleiter „Eintopf" ruft, dürfen alle die Plätze tauschen.

Schmackofit hat in einer Hand einen Teller in der anderen Hand Luftballons in der Form von den tollen 5! Male sie in den entsprechenden Farben aus!

Suchspiel

Finde die rote Eiweißkugel, das gelbe Fettauge, die braunen KO-Eckerl, die grünen Miniagenten und die blauen Wassertropfen und male sie in den richtigen Farben an.

Wusstest du das?

Es gibt kein Nahrungsmittel, das alle Stoffe im richtigen Mengenverhältnis für den Körper enthält, sodass wir uns nicht von nur einem Lebensmittel ernähren können.

Unsere Nahrung besteht aus vielen unterschiedlichen Stoffen, die der Körper in größerer oder kleinerer Menge braucht. Einige dieser Stoffe kann er selbst herstellen, andere müssen unbedingt mit der Nahrung zugeführt werden, da sie sonst dem Körper fehlen.

Maskenspiel

Bastelanleitung:

Schneide die Masken und die Löcher zum Durchschauen aus und befestige an der Rückseite lange Holzstäbchen mit Klebestreifen.

Du brauchst:

- Lange Holzstäbchen
- Klebestreifen
- Schere
- Ausdruck oder Zeichnung eines Miniagenten

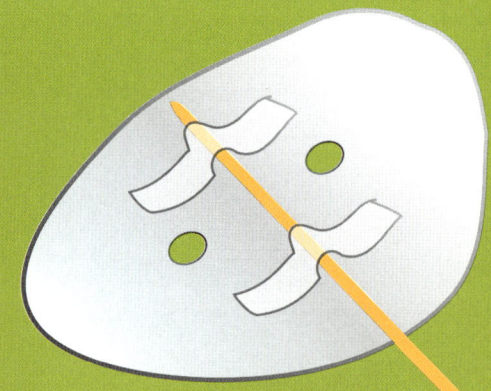

INFO

Wir essen eine Mischung unterschiedlicher Lebensmittel, um den Bedarf des Körpers an den verschiedenen Stoffen wie Eiweiß, Fett und KO decken zu können. Dauernder falscher Treibstoff führt auch bei uns nach längerer Zeit zu „Mangelerscheinungen".

Virus gegen Miniagent

Spielanleitung:

Wähle einen Virus (schwarze Kappe aufsetzen lassen) und einen Miniagenten (Maskenträger) aus den Mitspielern aus. Alle anderen Spieler bewegen sich frei auf der zuvor vereinbarten Fläche.

Sobald der Virus einen Mitspieler berührt, wird dieser krank und muss sofort wie erstarrt stehen bleiben. Die Erlösung kann nur durch den Miniagenten erfolgen. Sobald dieser den Erkrankten berührt, ist er wieder gesund.

Du brauchst:
- 1 schwarze Kappe
- Vitaminchenmaske
- Mind. 3 Spieler

„Spielt so lange, bis jeder einmal Virus und einmal Miniagent war!"

Teller zum Spielen

Bastelanleitung:

Für einige Spiele benötigst du Lebensmittelteller. Diese Teller sind sozusagen Spielkarten. Entweder du klebst Lebensmittel aus Zeitschriften und Werbemitteln auf Pappteller oder du bittest einen Erwachsenen, dir die Spielvorlage „Lebensmittelteller" von der Webseite herunterzuladen. Diese Ausdrucke schneide kreisrund aus und beklebe damit die Pappteller.

Du brauchst:
- Pappteller
- Schere und Kleber
- Lebensmittelbilder

Ein Snack oder eine Speise können dich fit oder schlapp machen. Eine Handvoll Erdnüsse macht fit und hilft beim Denken, aber nur ein bisschen mehr davon macht dick. Auch eine Tafel Schokolade ist ein Schlappmacher, isst du hingegen nur eine Rippe, so bleibst du fit.

Spielteller (1/3)

schmackofft.at

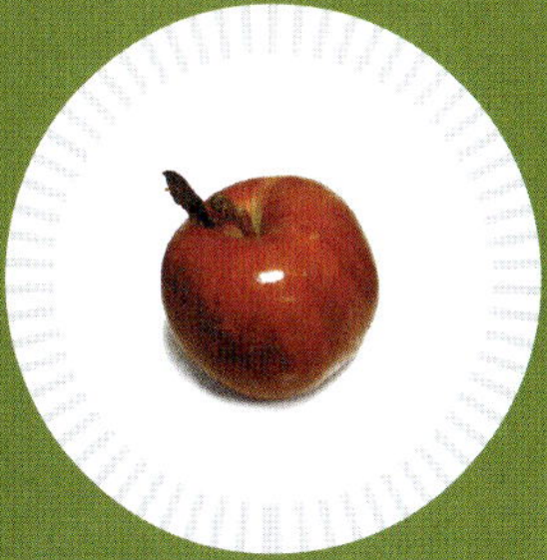
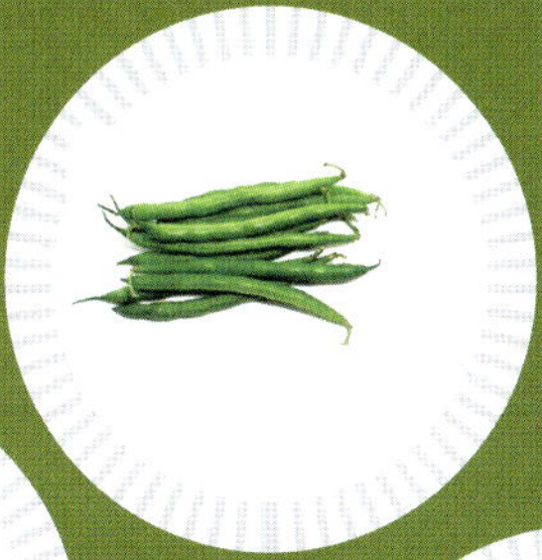
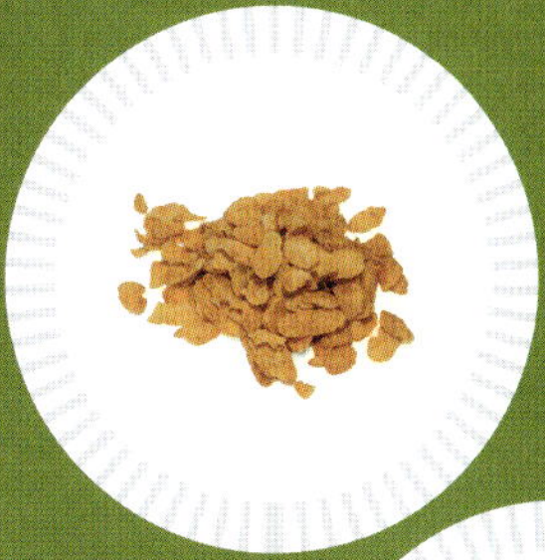
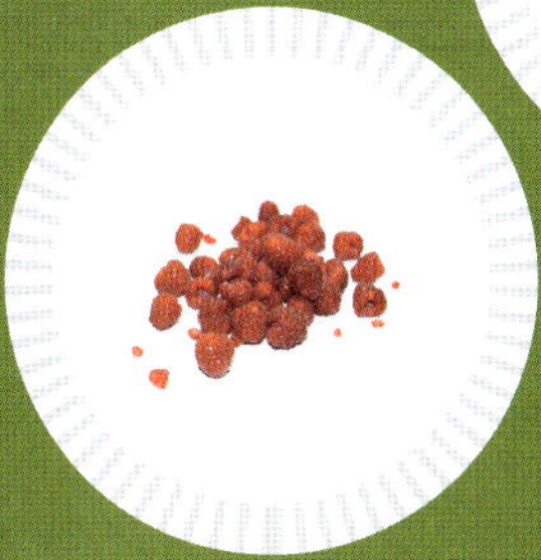
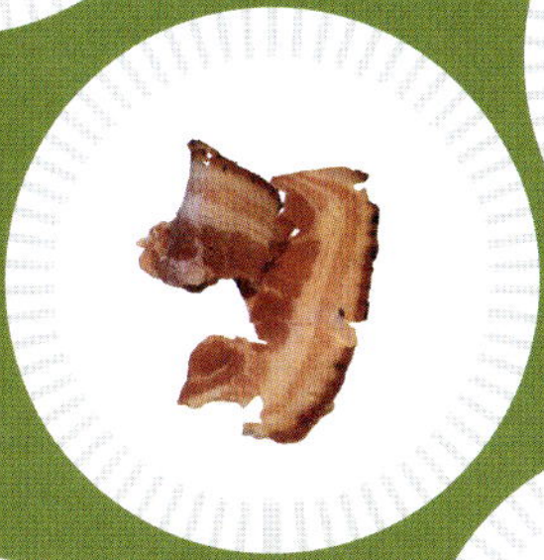
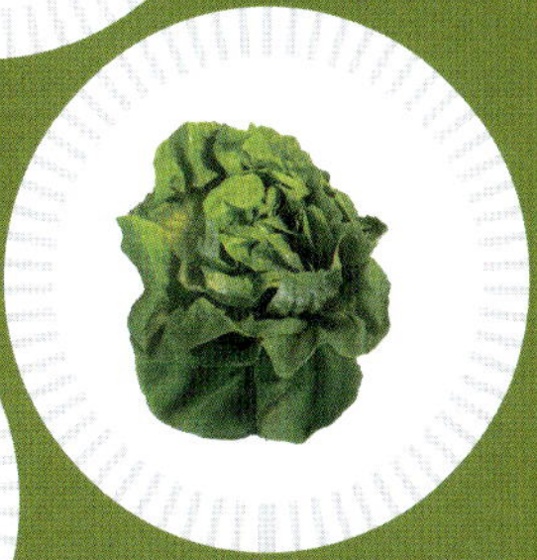
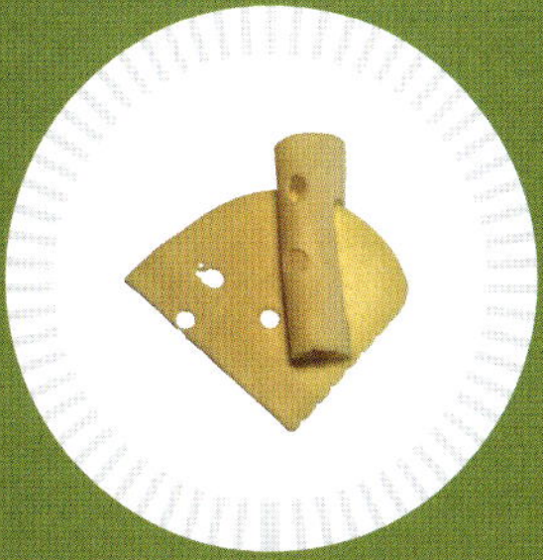
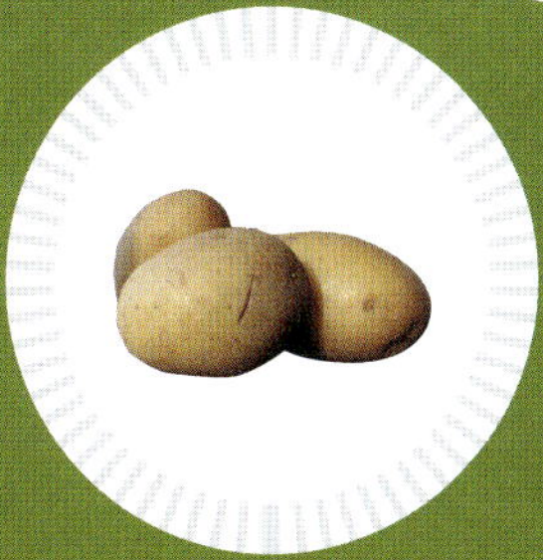
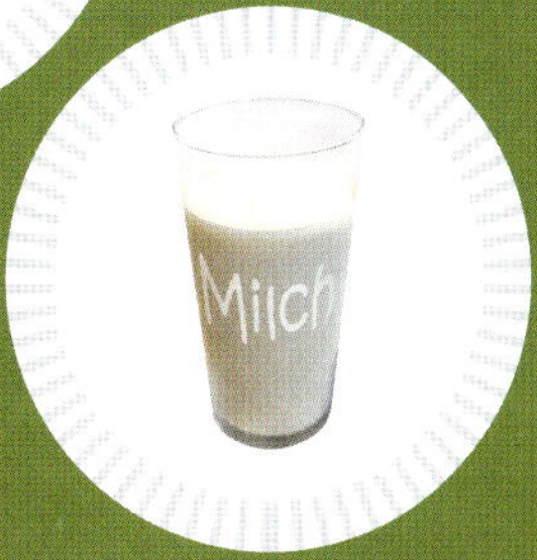

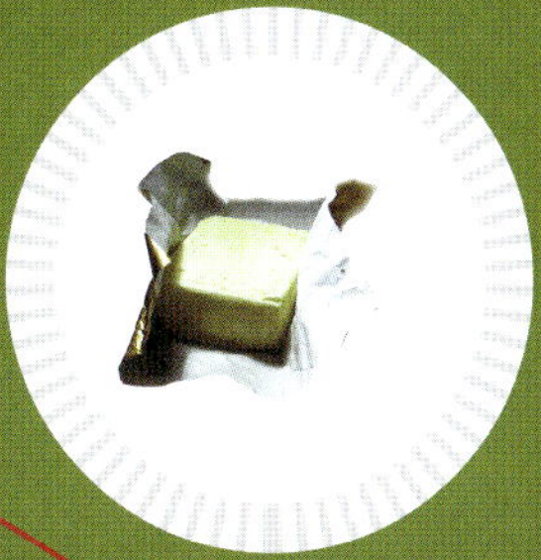

INFO

Blättere um und du erkennst, ob das dargestellte Lebensmittel reich ist an Eiweiß, Fett, Kohlenhydraten oder Miniagenten (Vitaminen und Mineralstoffen).

Hier kannst du nachschauen, wie viel du täglich von diesem Lebensmittel essen darfst und wie viel das ungefähr ist! Z. B. kannst du täglich 1–2 Hände voll Apfel essen.

Spielteller (2/3)

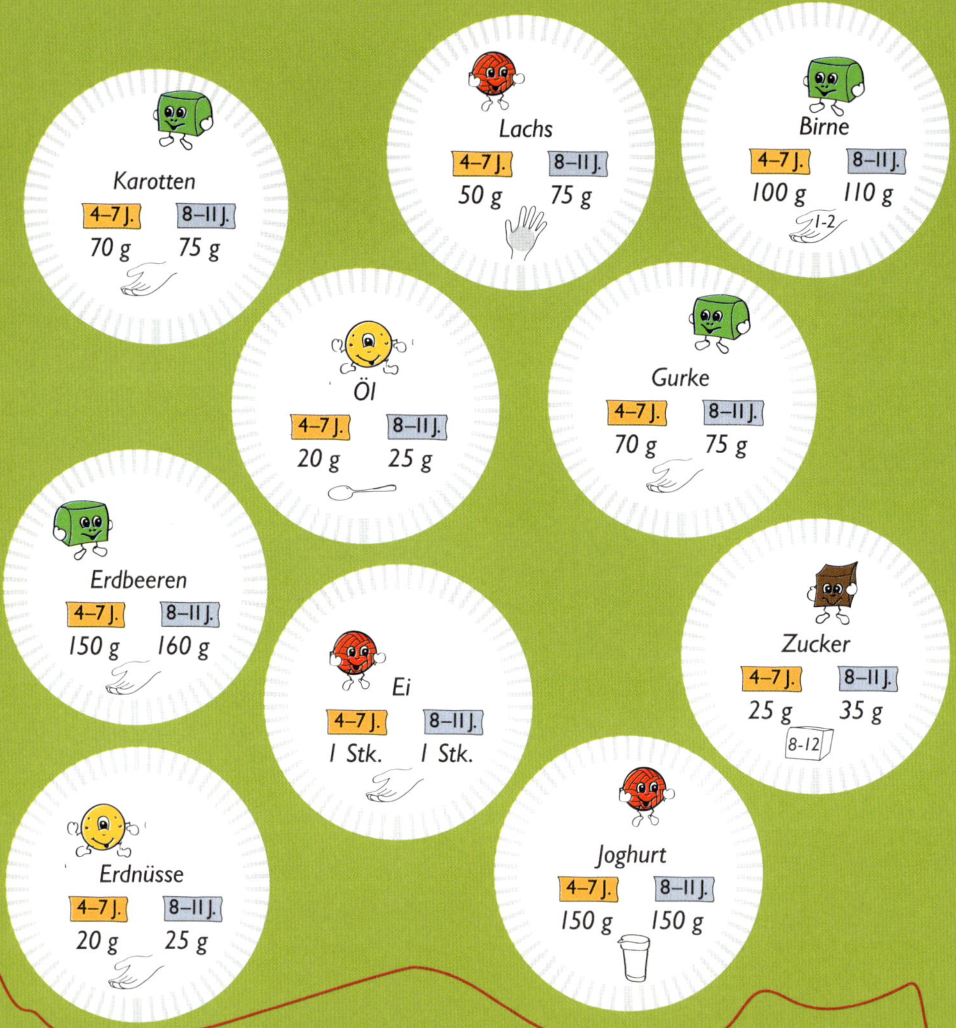

Karotten
4–7 J.	8–11 J.
70 g	75 g

Lachs
4–7 J.	8–11 J.
50 g	75 g

Birne
4–7 J.	8–11 J.
100 g	110 g
1-2

Öl
4–7 J.	8–11 J.
20 g	25 g

Gurke
4–7 J.	8–11 J.
70 g	75 g

Erdbeeren
4–7 J.	8–11 J.
150 g	160 g

Ei
4–7 J.	8–11 J.
1 Stk.	1 Stk.

Zucker
4–7 J.	8–11 J.
25 g	35 g
8-12

Erdnüsse
4–7 J.	8–11 J.
20 g	25 g

Joghurt
4–7 J.	8–11 J.
150 g	150 g

Mengenangaben für
- 4–7 J. 4–7 Jahre
- 8–11 J. 8–11 Jahre

Maßeinheiten:
- Esslöffel
- Handvoll
- Handteller
- Scheibe
- Glas/Becher
- Becher
- Würfelzucker

Daten von: aid-Ernährungspyramide 3899/2012

Spielteller (3/3)

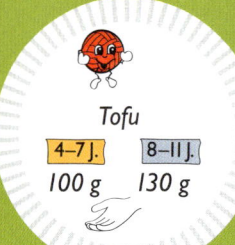
Tofu
4–7 J. | 8–11 J.
100 g | 130 g

Paprika
4–7 J. | 8–11 J.
70 g | 75 g

Nudeln
4–7 J. | 8–11 J.
150 g | 180 g

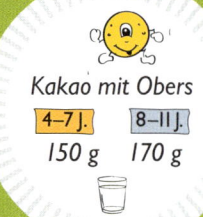
Kakao mit Obers
4–7 J. | 8–11 J.
150 g | 170 g

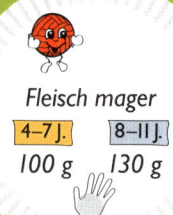
Fleisch mager
4–7 J. | 8–11 J.
100 g | 130 g

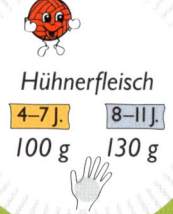
Hühnerfleisch
4–7 J. | 8–11 J.
100 g | 130 g

Haferflocken
4–7 J. | 8–11 J.
50 g | 60 g

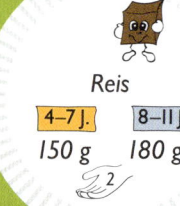
Reis
4–7 J. | 8–11 J.
150 g | 180 g

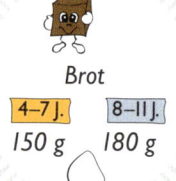
Brot
4–7 J. | 8–11 J.
150 g | 180 g

Angelspiel

Spielanleitung:

Schneide die Lebensmittel aus und klebe sie auf Pappteller. In den Rand der Pappteller werden 2 Löcher gemacht (am besten mit einem Aktenlocher) und eine Schnur locker befestigt. Kennzeichne auf einem Tisch oder am Boden jedes Eck als Eiweiß-, Fett-, Kohlenhydrat- und Miniagenteneck in der jeweiligen Farbe.

Jetzt angle die verschiedenen Teller und ordne sie den richtigen Farben bzw. markierten Ecken zu.

Du brauchst:
- Pappteller, Wolle
- Je Spieler 1 Trinkhalm zum Knicken
- Schere
- Klebstoff

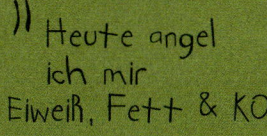

„Heute angel ich mir Eiweiß, Fett & KO."

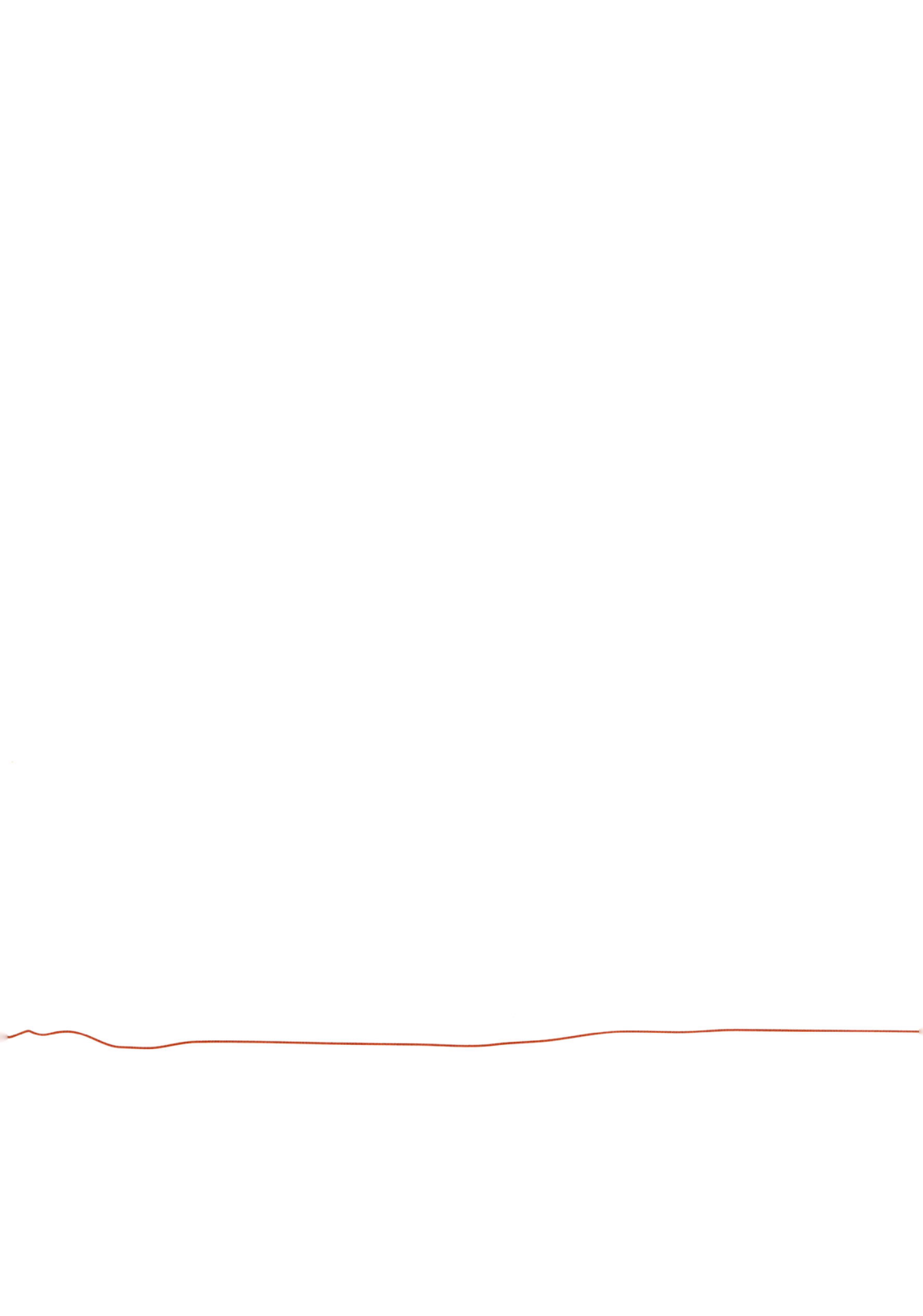

Wie viel müssen wir essen?

Die gesündeste Pyramide der Welt

Die Ernährungspyramide zeigt, wovon du viel und wovon du weniger essen solltest. Die breite Basis der Pyramide besteht aus Lebensmitteln, die du oft essen kannst. An der Pyramidenspitze findest du Nahrungsmittel, von denen du nur gelegentlich und in kleinen Mengen etwas nehmen solltest.

Lebensmittel versorgen uns mit Eiweiß, Fett und KO.

Bastelanleitung:

Die Ernährungspyramide gibt es als Bastel- und Malvorlage zum Herunterladen.

Zuerst malst du die Pyramide bunt aus und danach schneidest du sie aus.

…. An diesen Stellen musst du die Flächen falten. Dann kannst du die Pyramide mit Klebstoff fixieren.

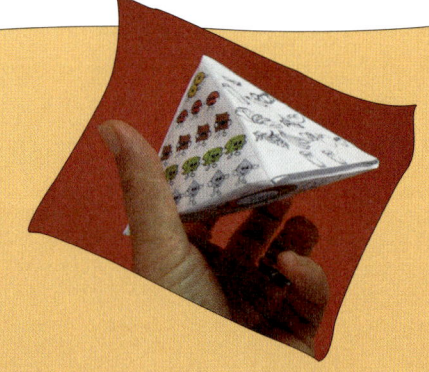

 zu tun

» Bastle dir deine eigene Ernährungspyramide und stelle sie zum Esstisch, dann kannst du jederzeit nachschauen, ob dir noch etwas fehlt! «

Ernährungskreis

Pyramide, Kreis oder Teller?

Es gibt viele unterschiedliche Lebensmittelpyramiden sowie einen Ernährungskreis und einen Ernährungsteller. Alle drei Beispiele zeigen vereinfacht das Gleiche: Wie viel sollen wir wovon essen!
Der Kreis sowie der Teller ist wie eine Torte in Stücke geschnitten. Die einzelnen Stücke zeigen unterschiedliche Lebensmittelgruppen.

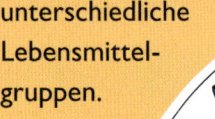

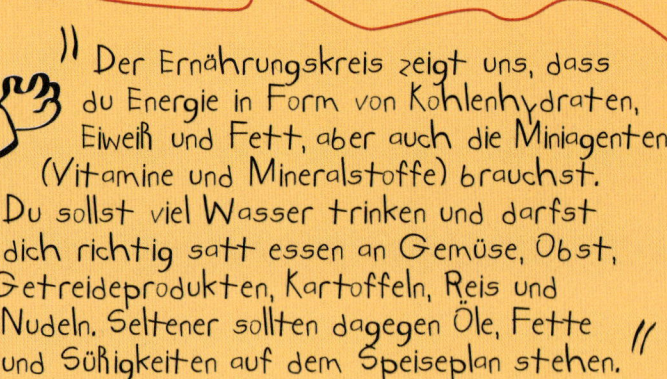

» Der Ernährungskreis zeigt uns, dass du Energie in Form von Kohlenhydraten, Eiweiß und Fett, aber auch die Miniagenten (Vitamine und Mineralstoffe) brauchst. Du sollst viel Wasser trinken und darfst dich richtig satt essen an Gemüse, Obst, Getreideprodukten, Kartoffeln, Reis und Nudeln. Seltener sollten dagegen Öle, Fette und Süßigkeiten auf dem Speiseplan stehen. «

Isst du das Richtige?

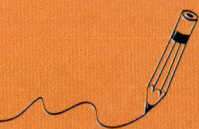

Du brauchst pro Tag:

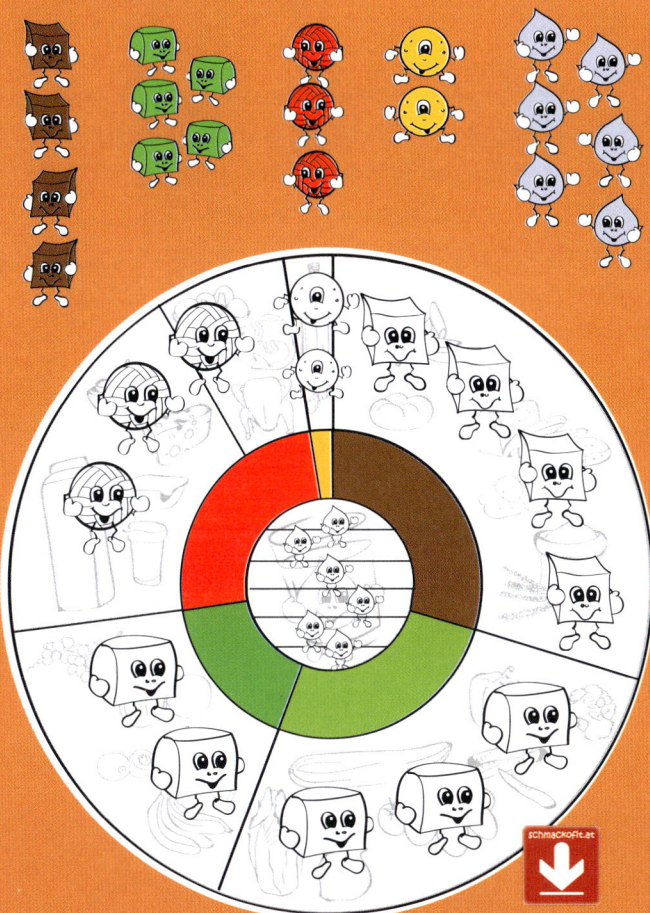

Teste dich!

Notiere alle Lebensmittel, die du heute isst und male Eiweiß, Fett und KO im Ernährungskreis aus.

Achte darauf, dass deine Jause immer mindestens einen Miniagenten enthält!

Tankst du täglich den richtigen Treibstoff? Überprüfe es!

An den Rückseiten der Spielteller kannst du auch ablesen, wie viel du von den verschiedenen Lebensmitteln essen kannst.

Ernährungskreis basteln

Bastelanleitung:

Schneide die 3 x 6 Teile des Ernährungskreises aus. Für das Ernährungskreisspiel brauchst du einen besonderen Würfel. Beklebe die 6 Flächen eines Würfels mit den Symbolen: Tauschen, Kreisausschnitt und Besteck.
Zum Herunterladen findest du auch 2 x diese drei Symbole für deinen Spielwürfel.

Du brauchst:
- 3 x Ernährungskreis
- Schere
- 1 Würfel
- Spielteller
- 2–6 Spieler

Spielvorbereitung:

Bestimme einen Spielleiter, der alle Kreissegmente erhält, und einen Zuständigen für die Speiseteller.

INFO

An der Größe der Tortenstücke erkennst du, wie viel du wovon essen sollst.

... und spielen

Spielanleitung:

 **Würfelst du** das Besteck, ziehst du einen Speiseteller. Je nach Lebensmittel erhältst du das Segment entsprechend des Ernährungskreises. Zum Beispiel: Ziehst du einen Speiseteller mit Butter, so erhältst du den gelben Fettanteil des Ernährungskreises.

 Dieses Feld bedeutet „tauschen": Hast du schon verschiedene Segmente, aber von manchen viel zu viele, dann hast du nun Gelegenheit zu tauschen. Getauscht wird immer nur mit dem Spielleiter.

 Dieses Feld symbolisiert das Kreissegment – hier erhältst du ein Kreissegment vom Spielleiter.

Wer als Erster den kompletten Ernährungskreis zusammensetzen kann, hat gewonnen.

Der Würfel entscheidet:

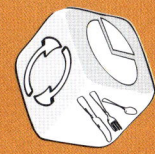
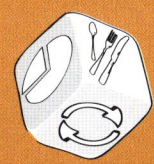

Viel Spaß beim Spielen!

Eierpusten

Spielanleitung:

Jeweils zwei Spieler erhalten ein sauberes, ausgeblasenes Ei, das eine bestimmte Strecke zurücklegen muss. Allerdings dürfen die Spieler lediglich durch Pusten das Ei fortbewegen. Markiere eine Start- und eine Ziellinie.

Wer schafft es als Erster, das Ei ins Ziel zu bringen?

Du brauchst:
- 2 ausgeblasene Eier oder Plastikeier
- 1 Blatt Papier mit Start- und Ziellinie

„Eiweiß wird im Körper ständig ab-, um- und aufgebaut. Deshalb ist regelmäßiger Nachschub wichtig. Eiweiß ist in Milchprodukten, Fleisch, Eiern und Fisch enthalten. Aber auch pflanzliche Lebensmittel wie Getreide, Hülsenfrüchte und Kartoffeln beinhalten viel Eiweiß."

Kartoffelkönig

Spielanleitung:

Mit verbundenen Augen tasten sich die Spieler durch ein Tablett mit etwa 10 unterschiedlichen Kartoffeln. Beschreibe anfangs die Form und die Andersartigkeit des Kartoffelkönigs genau. Seine Gestalt ist unverwechselbar und einzigartig.

Wer erkennt durch Tasten den Kartoffelkönig?

Du brauchst:
- 10 verschiedene Kartoffeln
- 1 Tablett
- Augenbinden

Können Kartoffeln Kinder kriegen?

Wenn die Kartoffel es dunkel und feucht hat wie in der Erde, beginnt sie zu treiben. Die Kartoffelpflanze treibt aus kleinen Vertiefungen in der Knolle, den sogenannten Augen. Es bilden sich Triebe. Bettest du eine Kartoffel mit Trieben in die Erde, wächst daraus eine neue Kartoffelpflanze mit 15–20 neuen Kartoffeln!

Alles in Butter?

Spielanleitung:

In der Butter versteckt sich Fett. Um Butter herzustellen, brauchen wir Milch. Die Kuh, die uns die Milch für die Butter liefern soll, ist ausgebrochen.

Eine dunkle Strumpfhose dient als Kuhschweif, den du einem Spielteilnehmer im Hosenbund befestigst.

Die anderen Kinder versuchen nun, diesen Schwanz zu erwischen. Durch wendiges Laufen und Drehen kann die Kuh probieren, den Fängern immer wieder zu entkommen.

Wer den Kuhschweif fängt, ist die nächste Kuh.

Du brauchst:
- 1 Strumpfhose
- 1 Augenbinde

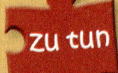

Butter selbst herstellen

Wenn du 1 Becher Schlagsahne in eine Rührschüssel gibst und rührst, wird sie nach einiger Zeit fester, wenn du weiterrührst, wird sie zu Butter. Die Butter kannst du dann auf ein Brot streichen!

Was Schmackofit mag!

Spiele dazu das Spiel „Alles, was Flügel hat, fliegt"
mit folgendem abgeänderten Text:
„Alles, was fit macht, mag Schmackofit!"
Ein Apfel macht fit ... ein dunkles Brot macht ...

Spielanleitung:

Die Kinder sitzen rund um den Tisch. Ein Spielleiter und die Mitspieler klopfen mit den Zeigefingern auf die Tischkante.

Der Spielleiter beginnt: „Alles, was fit macht, mag Schmackofit" und streckt dabei die Arme in die Luft, alle Kinder ebenfalls. Der Spielleiter fährt fort: „Ein dunkles Brot macht fit" und streckt die Arme wieder in die Luft, die Kinder auch. Es macht fit!

Dann geht es weiter, der Spielleiter sagt: „Pommes machen fit" und streckt die Arme wieder in die Luft. Da Pommes sicherlich nicht fit machen, sollten jetzt die Arme der Kinder am Tisch bleiben. Wer nicht gut aufgepasst hat und die Arme hochhebt, scheidet aus.

Du kannst alle Lebensmittel und Speisen wiederum in Schlapp- und Fitmacher einteilen. Wenn man zu viel von einem Lebensmittel isst, wird aus jedem Fitmacher ein Schlappmacher!

Was macht das Wasser in deinem Körper?

Das Gehirn meldet den Durst. Du trinkst Wasser. Durch den Mund und die Speiseröhre gelangt es in den Magen. Probiere es aus. Trinke dazu einen Schluck eiskaltes Wasser und spüre den Weg, den das Wasser in deinem Körper nimmt.

Vom Magen gelangt das Wasser in den Darm, dort wird es ins Blut aufgenommen und versorgt den Körper mit Wasser.

Über die Blutautobahn gelangt das Wasser zur Lunge.

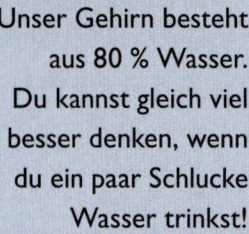

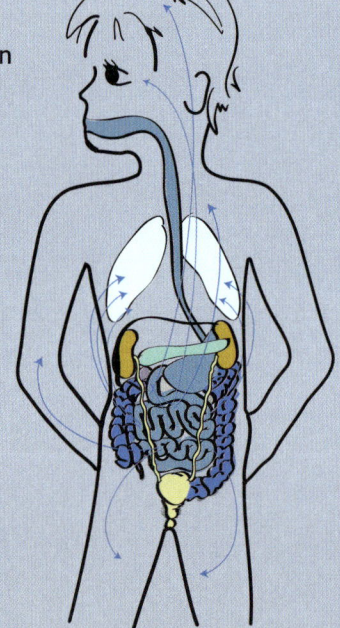

Unser Gehirn besteht aus 80 % Wasser. Du kannst gleich viel besser denken, wenn du ein paar Schlucke Wasser trinkst!

Hol dir gleich mal ein Glas Wasser!

Wasserzähler

Wassergläser zählen

Male eine Woche lang für jedes Glas Wasser, das du trinkst, einen Wassertropfen aus.

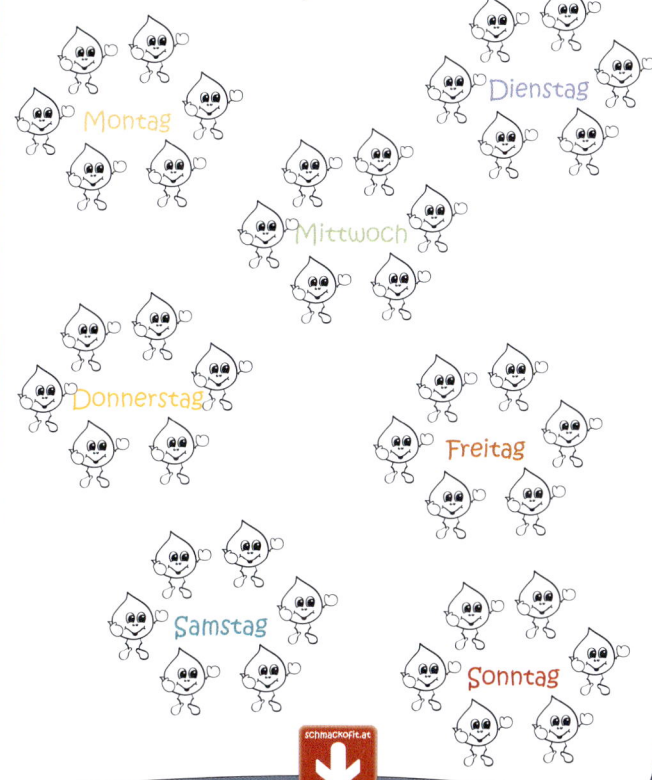

Verwende kleine Gläser, wenn du noch nicht gewohnt bist, viel Wasser zu trinken. Steigere dich in der Menge und verwende immer größere Gläser.

INFO

Das Durstgefühl ist hormonell geregelt. Mädchen und Frauen müssen daher das Wasser-Trinken erst antrainieren. Wenn bei einer Frau Durst ausgelöst wird, herrscht im Körper schon höchster Flüssigkeitsnotstand. Die empfohlene Trinkmenge ist 1,5–2 Liter Flüssigkeit pro Tag.

Wasserversuche

Verliert dein Körper Wasser?

Probiere mit folgenden Versuchen aus, wie dein Körper Wasser verliert.

Du brauchst:
- 1 Jausentüte
- 1 Klebestreifen

Versuch „Schwitzen"

1. Stecke eine Hand in eine Plastiktüte und befestige sie mit dem Klebestreifen locker am Handgelenk.
2. Laufe jetzt ein bisschen auf der Stelle.
3. Beobachte die Tüte einige Minuten.

Achtung:
Nimm die Tüte danach sofort ab!!!

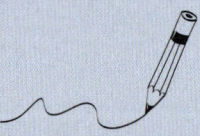

Was beobachtest du? Kreuze an:
- ⚪ Die Hand bleibt warm und trocken.
- ⚪ Die Hand fängt an zu schwitzen.

In der Tüte bilden sich kleine Wassertröpfchen. Durch die Haut verliert der Körper beim Schwitzen Wasser!

INFO

Ist dir heiß, gibt der Körper Wasser in Form von Schweiß ab. Durch das Schwitzen wird dein Körper gekühlt.

Luft und Wasser

Experiment „Atmen"

1. Nimm den Spiegel in die Hand und hauche ihn an.

2. Was beobachtest du? Schreib es auf:

3. Glaubst du, dass im Atem Wasser enthalten ist?
○ Ja   ○ Nein

Du brauchst:
- 1 Spiegel

INFO

Die Lunge braucht etwas „Wasser" zum Atmen, beim Ausatmen verlierst du ein bisschen Wasser. Dies kannst du mit dem Spiegelexperiment sichtbar machen.

Wassertricks

Verblüffender Wassertrick!

Die Haut des Wassers kannst du bei einem anderen Zaubertrick ausnutzen. Fülle ein gut ausgespültes Glas (Es darf kein Rest von Spülmittel darin sein!) randvoll mit Wasser – gerade so viel, dass es nicht überläuft.

Frag nun deine Zuschauer, ob sie glauben, dass in dieses Glas noch etwas hineinpasst, ohne überzulaufen.

Die natürliche Haut des Wassers ermöglicht es dir, einen Wasserberg zu bauen. Du kannst nämlich noch einige Münzen vorsichtig in das Glas gleiten lassen! Das Wasser wölbt sich über dem Glas, es läuft aber nicht über.

Du brauchst:
- 1 Wasserglas und ein paar Münzen

Ich präsentiere: die Zauberkräfte des Wassers!

Wasserverlust

Schätze, wie viel Wasser wir täglich verlieren.

Befülle vier verschiedene Flaschen mit:
1,0 Liter, 0,5 Liter, 0,4 Liter und 0,1 Liter.
Umrande die richtige Menge.

	Ausscheidungsmenge in Liter			
Haut	0,1 l	0,4 l	0,5 l	1–1,5 l
Lunge	0,1 l	0,4 l	0,5 l	1–1,5 l
Niere/Blase	0,1 l	0,4 l	0,5 l	1–1,5 l
Darm	0,1 l	0,4 l	0,5 l	1–1,5 l

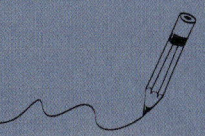

Du brauchst:
- 4 Flaschen Wasser
- 1 Messbecher

„Das zeigt doch eindeutig, warum Wasser das wichtigste Lebensmittel ist, oder?"

Ist unser Körper ausreichend mit Flüssigkeit versorgt, wandert das übrige Wasser durch die Harnleiter in die Blase. Dort wird der Harn gesammelt („schmutziges Wasser") und entleert.

INFO

Bissenreise

Der Bissen

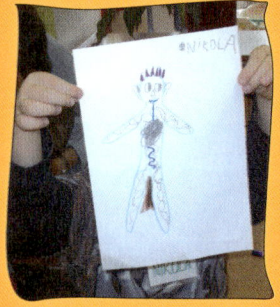

Beim Kauen wird das Essen mit Speichel vermischt, bis ein Brei entsteht. Beim Schlucken rutscht der Brei in die Speiseröhre und wandert weiter in den Magen. Dort wird das Essen durchgeknetet und mit Magensaft zersetzt. Verdauungssäfte aus Galle und Bauchspeicheldrüse spalten das Essen im Dünndarm weiter auf. Im Dickdarm wird dem Speisebrei Wasser entzogen, er wird fester und färbt sich braun.

So lange bleibt die Nahrung im Körper

Mund: 1 Minute
Speiseröhre: 2–3 Sekunden
Magen: 2–4 Stunden
Dünndarm: 1–4 Stunden
Dickdarm: 10 Stunden bis mehrere Tage

  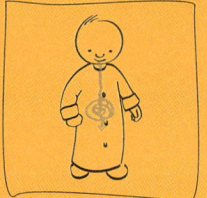
 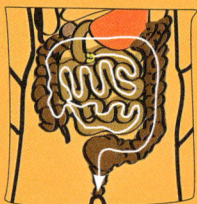 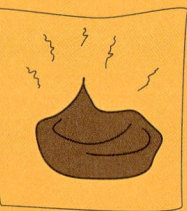

„Wenn du auf die Toilette gehst, begegnest du also den Resten vom gestrigen Essen. Isst du Spinat, färbt dieser deinen Kot grünlich, rote Rüben machen ihn rot!"

Fingerfahrt

Deine Essensbissen reisen durch den Bauch.
Zeichne die Bissenreise mit deinem Finger nach!

1
2
3
4
4

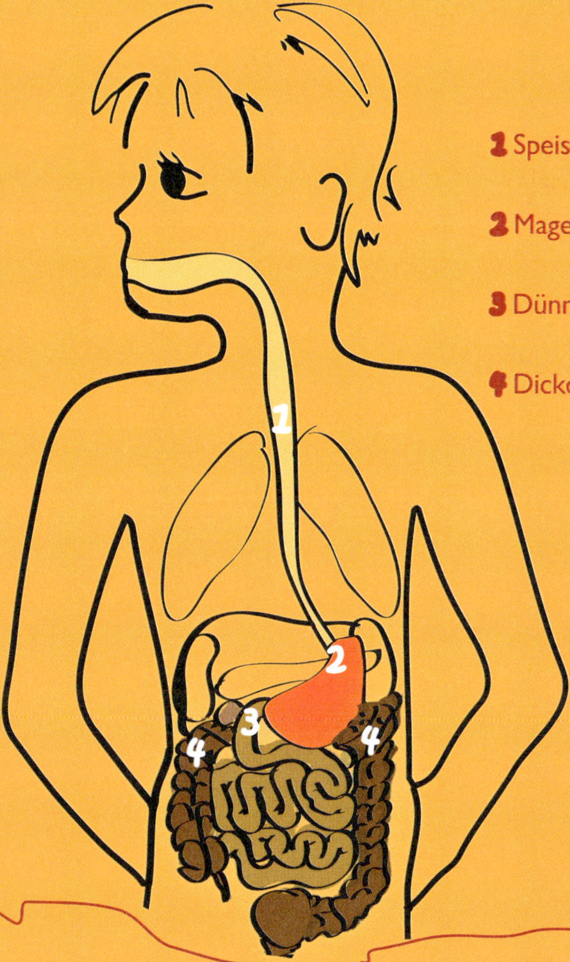

1 Speiseröhre

2 Magen

3 Dünndarm

4 Dickdarm

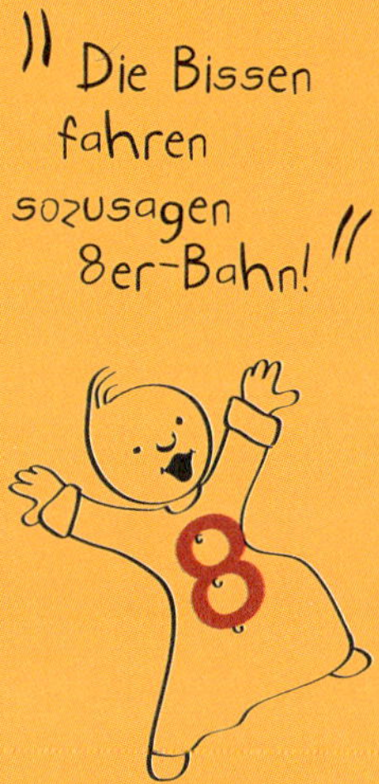

„Die Bissen fahren sozusagen 8er-Bahn!"
8

INFO

Die Nahrung legt auf ihrem Weg durch deinen Körper ganze sieben Meter zurück. Sieben Meter, das ist so lang wie ein Feuerwehrauto! Das ist auch der Grund, warum dein Darm in vielen Schlingen zusammengefaltet im Bauch liegt.

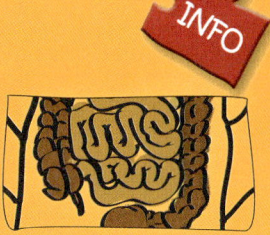

Bauch-Achterbahn

Du brauchst:
- 1 Würfel
- Verschiedenfarbige Spielfiguren
- Speiseteller
- 1 oder mehrere Mitspieler

Bastelanleitung:
Du kannst den Spielplan und die Karten auf Naturpapier kleben, damit verbesserst du die Festigkeit, und das Spiel wird dir noch länger Freude bereiten! Hier verwendest du wieder die Spielteller.

Spielanleitung:
Mit Schmackofit schicken wir einen Bissen in die menschliche Bauchfabrik. Kommst du auf ein Feld mit Rufzeichen (!), ziehst du einen Spielteller. Zeigt der Teller ein Lebensmittel, das reich an Miniagenten ist, ziehe drei Felder vor, hast du ein eiweiß-, fett- oder kohlenhydratreiches Lebensmittel erwischt, gehe um ein Feld zurück. Entscheide dich für einen Weg zu einem der drei Zielhäuser (gelbes, braunes oder rotes Körperzellhaus). Wenn du punktgenau die Tür erlangst, hast du gewonnen. Viel Spaß beim Spiel!

Spielfiguren:
Du kannst Spielfiguren von einem anderen Brettspiel verwenden oder dir eigene Schmackofit-Spielfiguren basteln!

zu tun

Kaue ein Stück Brot so lange, bis es süß schmeckt, denn die Verdauung beginnt schon im Mund! Die Kohlenhydrate werden hier schon in kleine Zuckerteile aufgespalten.

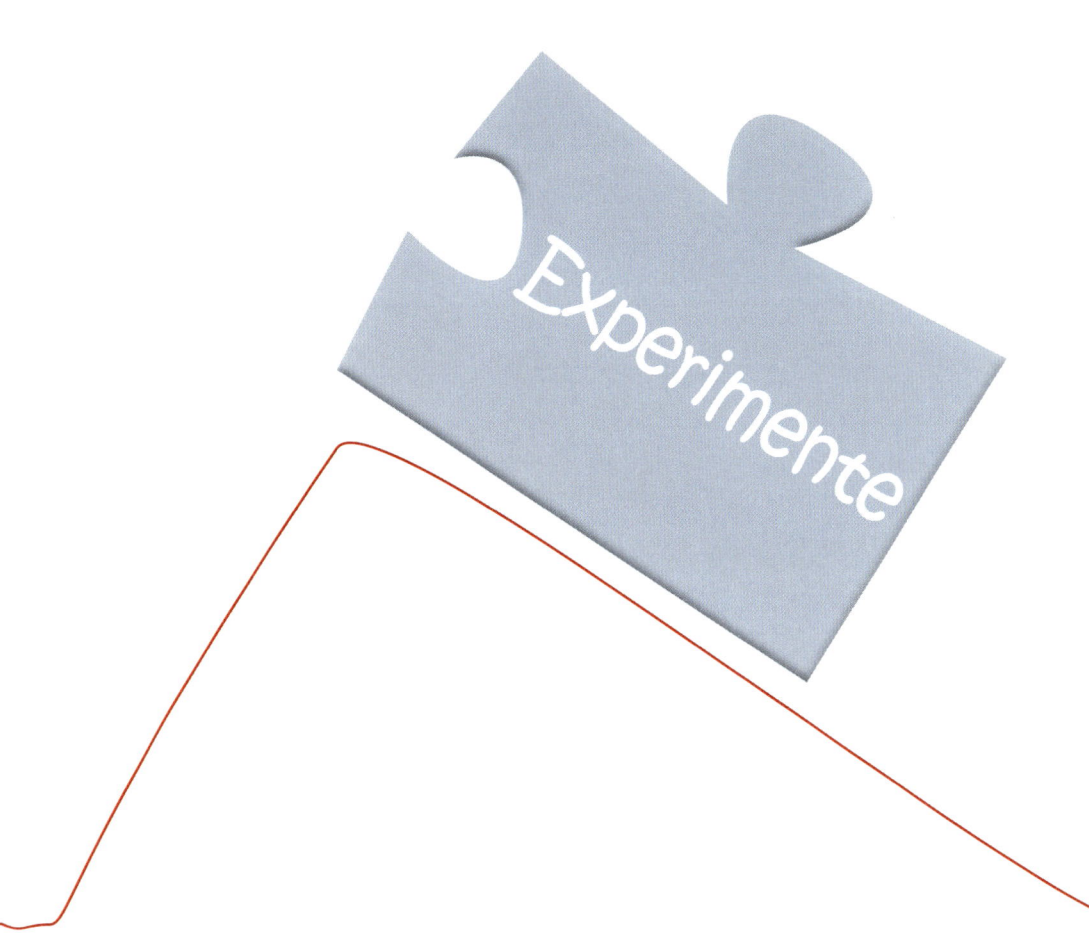

Raketenbau

Du brauchst:

- 1 leere Brause-tablettendose
- 1 Bogen dünnen Karton
- Bleistift
- Schere
- Alleskleber
- Pro Start 1 kleinen Löffel Backpulver
- 3 kleine Löffel Essig

Bastelanleitung:

1. Zeichne auf den Karton einen Kreis mit etwa 5 cm Durchmesser und schneide den Kreis aus. Als Schablone eignet sich zum Beispiel ein kleines Glas.

2. Mache einen geraden Schnitt vom Rand bis zum Mittelpunkt des Kreises. Jetzt kannst du die Pappscheibe zu einem Trichter biegen.

Passe den Trichter so an, dass sein Rand genau mit dem Boden der Dose abschließt: Das ist nun deine Raketenspitze. Klebe das Pappstück entsprechend zusammen und dann auch auf dem Dosenboden fest!

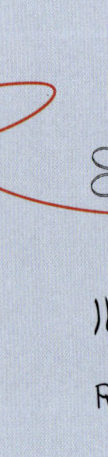

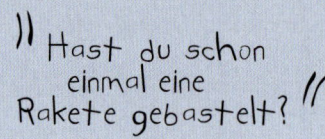

Hast du schon einmal eine Rakete gebastelt?

3. Schneide drei Leitwerke aus dem Karton, knicke deren Laschen um und klebe sie in gleichem Abstand und auf gleicher Höhe an den Raketenrumpf.

Achtung: Verschließe die Dose beim Bekleben, damit es keine Abschussschwierigkeiten gibt!

4. Suche einen geeigneten Platz für den Raketenstart, am besten draußen. Da stört es nicht, wenn Backpulver und Essig herumspritzen. Gib die beiden Zutaten in die Dose, verschließe sie schnell mit dem Deckel, schüttle kurz und stelle sie dann in Abschussposition.

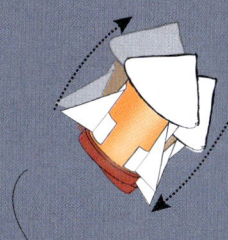
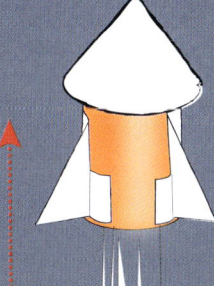

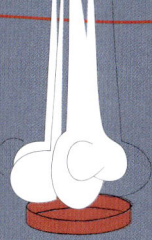

Was geschieht?
Wenn Backpulver und Essig chemisch miteinander reagieren, entsteht das Gas Kohlendioxid. Das breitet sich mit großer Kraft im Inneren der Rakete aus, bis der Druck so groß ist, dass der Deckel abgesprengt wird. Weil die Rakete auf dem Deckel steht, wird sie dabei mehrere Meter hoch durch die Luft katapultiert.

74 Stinker neutralisieren

Spielanleitung:

1. Gib in jedes Gefäß ein Stück Watte und tränke es mit je einer der Flüssigkeiten. Dann dreh überall den Deckel drauf und schüttle kurz durch.

2. Nimm nacheinander die Deckel ab, halte kurz die Nase in jedes Gefäß und verschließe es wieder. Bäh, das riecht ziemlich streng, was? Außer dem Zitronensaft ist nichts davon wirklich schmeichelhaft für die Geruchsnerven.

3. Gib nun in jedes Gefäß zwei Teelöffel Backpulver, schüttle wieder, warte einige Minuten und mache einen erneuten Riechtest.

Du brauchst:
- 3 kleine Plastikgefäße oder leere Marmeladengläser mit Deckel
- 3 Wattebäusche
- Je 1 TL Essig, Sauerkraut-Flüssigkeit und Zitronensaft
- 6 TL Backpulver

Simsalabim: Alle drei Geruchsquellen sind säurehaltig, Backpulver aber ist eine sogenannte Base, das genaue Gegenteil. Die Säuren reagieren mit Basen und schalten sich gegenseitig aus – und den Geruch gleich mit!

Säure-Angriff!

Spielanleitung:

1. Bestreiche ein Ei mit Fluoridgel.
2. Fülle Essig in eine Schale.
3. Lege nun beide Eier in die Schale mit Essig und beobachte genau, was passiert.

Du brauchst:
- 2 Eier
- 1 Schale mit Essig
- 1 Fluoridgel für die Zähne

Du kannst beobachten, wie es um das unbehandelte Ei nur so sprudelt. Die Säure, in diesem Fall der Essig, greift die Eischale an. Das mit Fluoridgel behandelte Ei ist geschützt.

Genauso kannst du deine Zähne schützen, wenn du sie mit Fluoridgel einstreichst oder sie mit Fluorzahnpaste putzt!

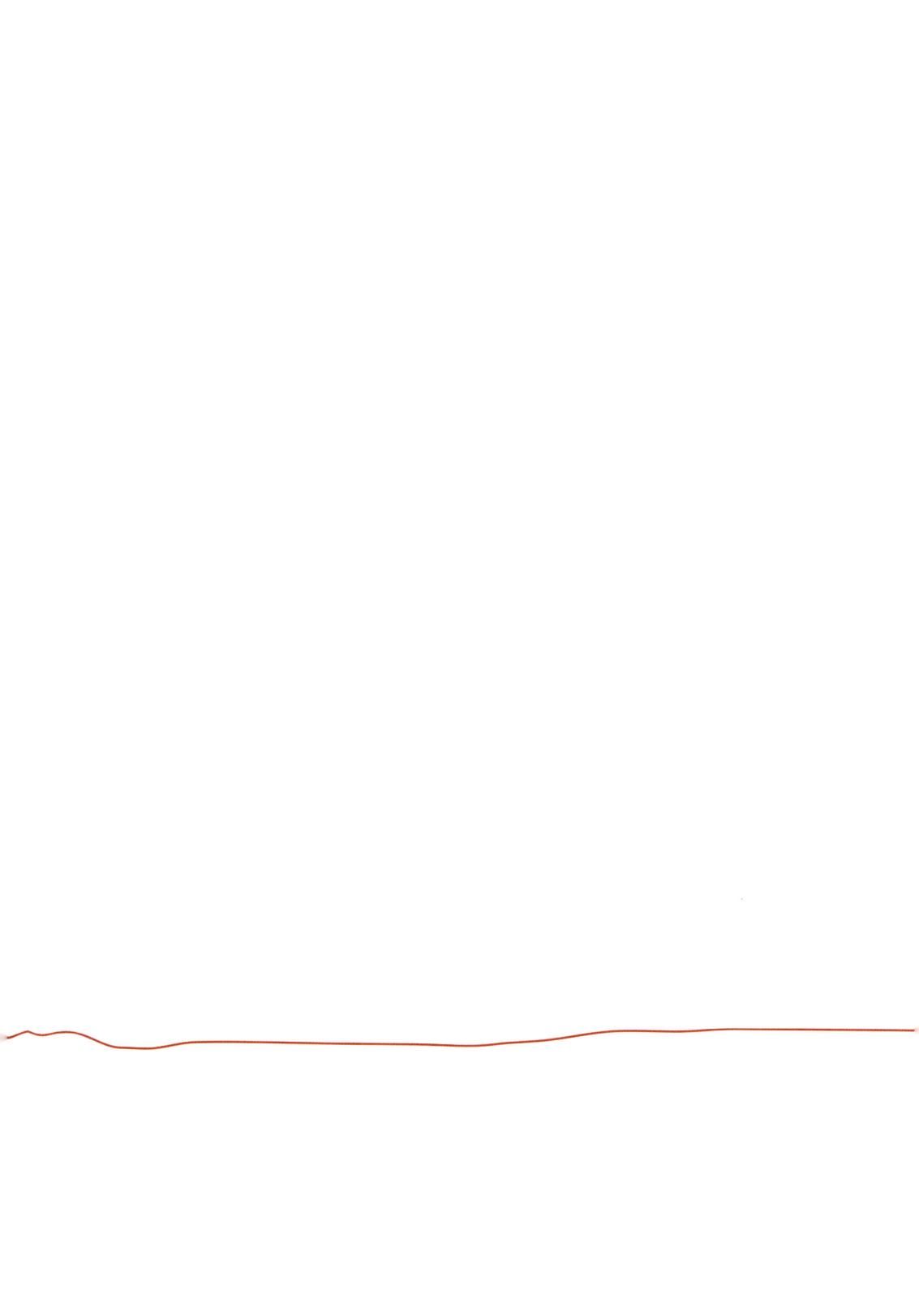

Wie tickt dein Körper?

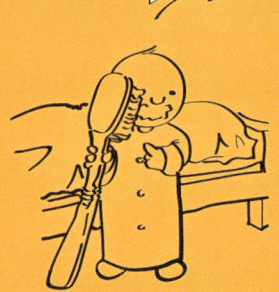

Schon die alten Chinesen wussten, was heute die Wissenschaft bestätigt – es ist wichtig, im Rhythmus der Natur und der eigenen inneren Uhr zu leben. So gibt es für den Körper Zeiten der Aktivität und Zeiten der Entspannung.

6–7 Uhr	Zeit für den Darm, perfekt für den Stuhlgang.
7–9 Uhr	Zeit zu essen. Da die Verdauung besonders gut funktioniert, solltest du in diesem Zeitraum ausgiebig frühstücken.
9–11 Uhr	Zeit für das Denken, du kannst dich besonders gut konzentrieren.
11–13 Uhr	Zeit, dich zu erholen. Das Herz braucht Erholung, du kannst nun zu Mittag essen, aber du solltest auf große körperliche Aktivitäten verzichten.
13–15 Uhr	Zeit zu essen. Spätestens jetzt solltest du zu Mittag essen, verzichte aber anschließend auf zusätzliche Muskelarbeit.
15–17 Uhr	Zeit für Bewegung. Die beste Zeit für Sport!
19–21 Uhr	Zeit zum Entspannen und der ideale Zeitpunkt zum Einschlafen.

Empfohlene Schlafdauer je nach Alter:

Alter	Stunden
4–6 Jahre	11 bis 12
7–9 Jahre	10 bis 11
10–14 Jahre	9 bis 10 und mehr!

zu tun

Überprüfe, wie lange du schläfst!

Deine innere Uhr

Du brauchst Energie in Form von Mahlzeiten:
1/3 der Energie morgens und zur Pause
1/3 der Energie mittags
1/3 der Energie nachmittags und abends

Heute schon gefrühstückt?

Sowohl „große" als auch „kleine" Leute brauchen am Morgen ausreichend Energie, um den Tag über fit zu sein. Mit dem Frühstück fängt der Tag gut an!

Du brauchst:
- Mehrkorntoastscheiben
- 4 EL Frischkäse
- 1 Glas Beerenmus
- Nach Belieben: Erdbeer-, Bananenscheiben und Früchte der Saison
- 1 Rippe weiße Schoko

Pizza zum Frühstück?

Ja und zwar eine, die dich garantiert fit macht!
Pro Person 1 Scheibe Mehrkorntoast mit einem Ausstecher oder einer Schale rund ausstechen.
Frischkäse aufstreichen und rotes Beerenmus gleichmäßig verteilen. Mit Früchten dekorativ belegen. Zum Schluss mit Schokolade beraspeln.

Du brauchst:
- Mögliche Zutaten: Haferflocken, Rosinen, Haselnüsse, Mandeln, Cashewkerne, Weizenflocken, Weizenkeime, Sonnenblumenkerne, Sesam, Trockenobst

Müsli im Glas

Jeder stellt sich sein eigenes Müsli zusammen.
Diese Spezialmischung kommt in ein verschließbares Glas mit eigenem Namensaufkleber.

INFO

Sind die Energiereserven erschöpft, können Konzentrationsschwäche, Müdigkeit, Neigung zu Verletzungen oder sogar Übelkeit die Folge sein. Am besten können die Speicher mit einem Frühstück aufgefüllt werden.

Frühstücksideen

Guten-Morgen-Drink

1. Die Bananen schälen und zusammen mit dem Joghurt, dem Mangosaft, dem Mangokompott und den Haferflocken in den Mixbecher füllen.

2. Die Zutaten auf höchster Stufe kurz mixen.

3. Den Drink in ein Glas gießen und mit Strohhalm servieren.

Du brauchst:
- 2 kleine Bananen
- 300 ml Joghurt
- 200 ml Mangosaft
- 300 g Mangokompott
- 2 TL zarte Haferflocken

Ei-Dipper

Den Toast toasten und in Streifen schneiden, diese dann in das weiche Ei dippen und genießen.

Du brauchst:
- Vollkorntoast
- 1 weiches Ei

Obstsalat

Fülle den Obstsalat aus den Früchten deiner Wahl in eine Schale, serviere dazu ein Vollkorncroissant und einen Früchtetee.

Du brauchst:
- 200 g Früchte
- 1 Vollkorncroissant
- Früchtetee

INFO

Wenn du morgens keinen Bissen hinunterbekommst, so solltest du wenigstens etwas trinken. Mit dem Guten-Morgen-Drink bist du bestens versorgt. Probiere statt der Banane auch andere Früchte: Himbeeren, Erdbeeren, Apfel mit Zimt ...

Bring Abwechslung in dein Frühstück. Probier was Neues aus, überlege dir ein Überraschungsfrühstück!

Einkaufen

Richtige Ernährung fängt beim Einkauf an. Eine gute Wahl ist regional; regional heißt frisch von Erzeugern und Herstellern aus der Region, wo du lebst. Früchte und Gemüse aus der Region schonen einerseits die Umwelt, weil die Produkte keinen Transportweg hinter sich haben, und andererseits deinen Körper. Weil die Transportwege kürzer sind, müssen sie weniger oder gar nicht behandelt werden, um sie länger haltbar zu machen. Bei allen tierischen Produkten soll man darauf achten, dass die Tiere artgerecht gehalten werden. Wähle auch Fleisch aus der Region.

Lupe raus und lies das Kleingedruckte!

Wer wissen will, was wirklich drin ist, muss auf die Rückseite der Verpackung schauen: Dort steht die Zutatenliste. Meist ist sie nur in recht kleinen Buchstaben gedruckt. Aber: Die Zutaten sind hier der Menge nach geordnet. Was ganz am Anfang steht, davon ist am meisten drin.

// Achtung – nicht alles, was als gesund angepriesen wird, ist wirklich gesund. Sei kritisch! Und nimm die Lupe mit! //

zu tun

Begleite deine Eltern beim nächsten Lebensmitteleinkauf: Versuche Lebensmittel zu finden, auf die Natürlichkeit, Qualität, Regionalität und Nachhaltigkeit zutreffen. Findest du auch Bioprodukte?

8ung!!!
Im Einkaufswagen sollen von 10 Dingen mindestens 8 Fitmacher sein!

Besser einkaufen

Schreibe in die jeweiligen Felder mindestens 5 Lebensmittel, die derzeit in deiner Umgebung geerntet werden, also aus deinem Heimatland stammen und gerade Saison haben.

Eiweißreiche Lebensmittel

Fettreiche Lebensmittel

Vitaminreiche Lebensmittel

Kohlenhydratreiche Lebensmittel

„Der einzige Zusatzstoff, den du deiner Speise beimengen solltest, ist Freude. Vorsicht: Das könnte deinen Gaumen zum Singen bringen!"

INFO

Eine „bunte Mischkost" ist das Beste für die ganze Familie. Das heißt: viel Obst, noch mehr Gemüse, Vollkornprodukte, gelegentlich Fisch, wenig Wurst, Fleisch, Fast Food, Fertiggerichte und Süßigkeiten.

Glückliche Hühner?

Hühner fühlen sich so richtig wohl, wenn sie laufen, scharren und picken können. Sie brauchen auch ein „Staubbad", um ihr Gefieder sauber zu halten. Dazu ist viel Platz nötig und Auslauf im Freien. Im Freien lebt das Huhn nicht ganz ungefährlich: Raubvögel, Marder und Fuchs machen gerne Jagd auf die gefiederten Tiere. Abends kommen sie daher in den sicheren Stall. Der Hühnerstall beim Biobauern hat Fenster, damit die Hühner sehen können, ob es Tag oder Nacht ist.

"Du kennst sicherlich das Lied: „Ich wollt', ich wär ein Huhn", das sollten wir umtexten:

Ich wollt', ich wär ein Biohahn, der täglich auch ins Freie kann!"

Denn auch Hühner wollen nachts ruhen und schlafen. Dabei machen sie es sich gerne auf erhöhten hölzernen Sitzstangen gemütlich. Jedes Huhn legt ungefähr 260 Eier im Jahr. Das Küken braucht etwa drei Wochen bis zum Schlüpfen und fünf Monate, bis es ausgewachsen ist. Ein Hahn sollte auch nicht fehlen: Er schlichtet Streit, führt die Hühner bei der Futtersuche zu besonderen Leckerbissen, führt die Henne nach dem Eierlegen zur Gruppe zurück und kümmert sich darum, dass die Hühnerschar abends zu ihren Schlafplätzen kommt.

INFO Im Biolandbau ist das Gleichgewicht zwischen Boden, Tieren und Pflanzen besonders wichtig. Früher wurden diese Produkte beim Biohändler gekauft. Heute gibt es sie in jedem Supermarkt, erkennbar am Bio-Siegel.

Biologisch?

Trägt ein Produkt ein Bio-Siegel, heißt das, beim Anbau wurden keine Chemikalien wie zum Beispiel Kunstdünger oder Pflanzenschutzmittel verwendet. Diese Nahrungsmittel sind nicht gentechnisch verändert, und die Tiere wurden artgerecht gehalten.

Die Kennzeichnung der Eier

0 steht für Bioproduktion
1 für Freilandhaltung
2 für Bodenhaltung
3 für Käfighaltung

Dieser Erzeugercode muss seit 1. Juli 2005 auch im Falle der Direktvermarktung – etwa am Bauernmarkt – auf dem Ei angeführt sein.

Eier-Check: Schau gleich mal nach, was am Stempel der Eier in eurem Kühlschrank steht!

INFO

Die Farbe der Eier hat nichts mit der Haltung oder Fütterung der Tiere zu tun: Die weißen Hühner legen meist weiße Eier, die braunen in der Regel braune Eier.

Bio - na - logisch!

Schmackofits „bio-logisch" ist ein kniffeliges Brettspiel für 2 Spieler und eine spannende Aufforderung zu Zweikämpfen.

Bastelanleitung:

Drucke dir die Downloadunterlagen aus, schneide die Karten aus und falte diese, sodass jeweils auf einer Seite „bio" und auf der anderen Seite „logisch" zu lesen ist.

Spielanleitung:

Jeder Spieler erhält 8 Spielkärtchen, einer dreht die „bio"-Seite, der andere die „logisch"-Seite nach oben. Begonnen wird mit dem je ersten Kärtchen in einem der Mittelfelder am Spielplan. Ihr legt die Kärtchen abwechselnd und versucht, die gegnerischen Kärtchen einzuschließen (gerade oder schräg!). Die eingeschlossenen Kärtchen könnt ihr umdrehen und zu eigenen verwandeln – das gilt auch, wenn bei einem Zug mehrere Reihen betroffen sind! Wer am Ende des Spiels die meisten Kärtchen in seiner Farbe auf dem Spielplan hat, hat gewonnen.

Du brauchst:

- 1 Gegner
- Quadratische Spielkarten: eine Seite „bio" – andere Seite „logisch"
- 1 Spielplan

Viel Spaß!

bio - logisch

Lege deine Karten so auf den Spielplan, dass du die gegnerischen Karten einschließt, sodass du diese umdrehen und so in die eigene Farbe verwandeln kannst! Wer am Ende des Spiels die meisten Karten in seiner Farbe auf dem Spielplan hat, gewinnt.

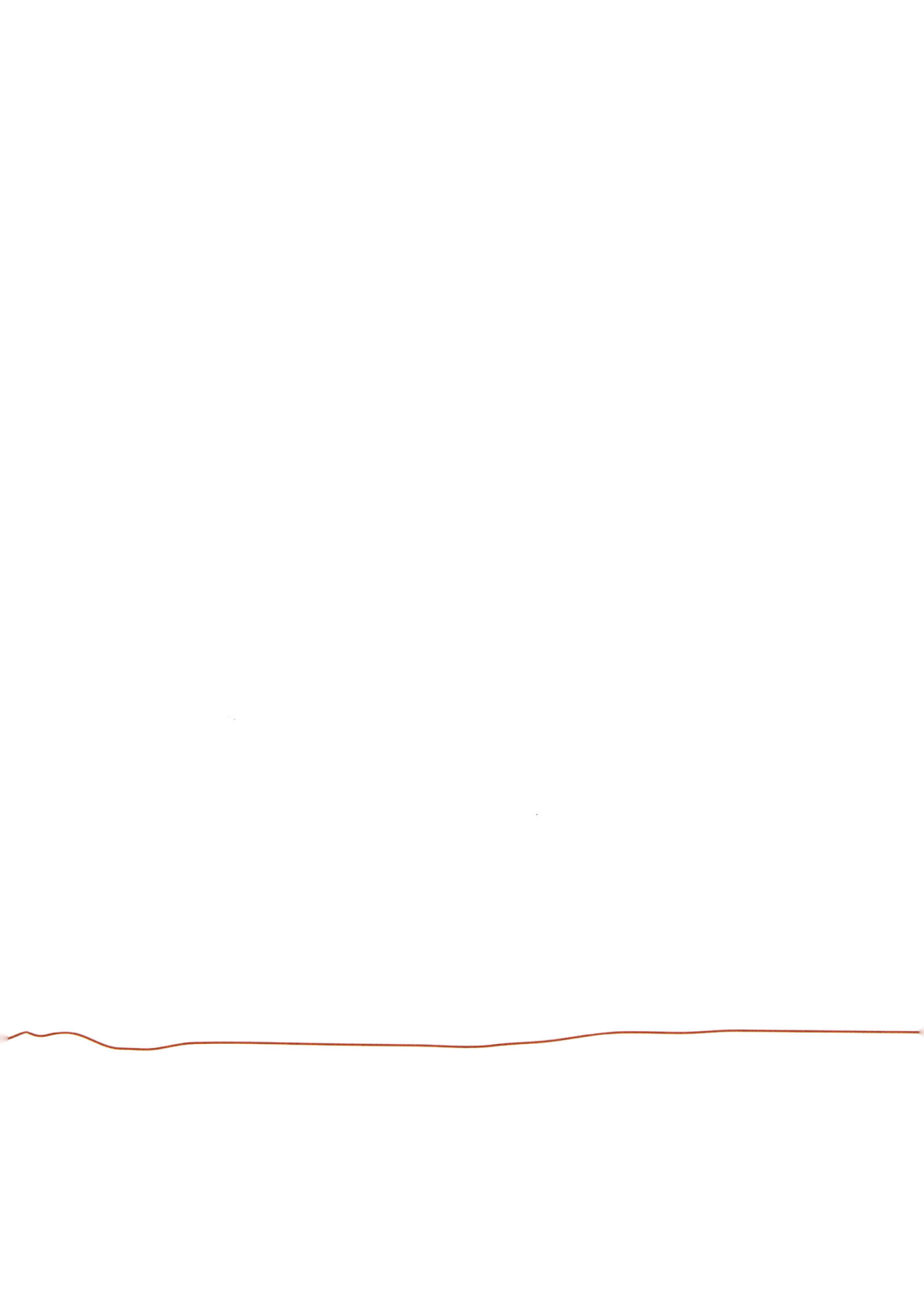

Mit allen Sinnen

Geschmacksschule

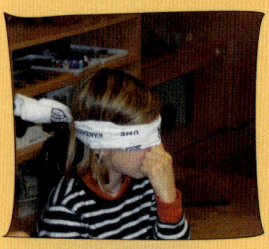

Fühlen, sehen, schmecken, hören:
Wer genussvoll essen will, muss alle Sinne schärfen!

Teste deinen Geschmackssinn

Verbinde deine Augen und halte dir deine Nase fest zu. Lass dir von deinem Spielpartner aus der Dose etwas zu essen geben. Kannst du schmecken, was es ist?

Du brauchst:
- 1 Spielpartner
- 1 Dose mit Karotten-, Sellerie-, Gurken- und Apfelstückchen
- 1 Tuch

Ja	○	○	○	○
Nein	○	○	○	○

Zungentest

Du brauchst:
- Wattestäbchen
- Wasser mit:
  Salz
  Zitronensaft
  Zucker

Tupfe mit Wattestäbchen ein wenig von den Flüssigkeiten auf verschiedene Stellen deiner Zunge. Finde heraus, welchen Geschmack (süß, sauer oder salzig) diese haben.

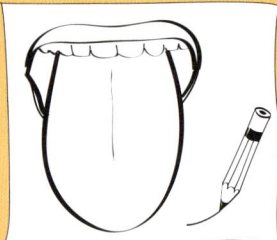

 zu tun

Wo schmeckst du süß, salzig oder sauer? Zeichne es auf der Zunge ein.

Mit der Nase schmecken

Verbinde die passenden Gesichter zu den Bildern!
Was riecht gut?   Was riecht nicht gut?

Rieche immer an deinem Essen! So gelangen die ersten Informationen noch vor dem Schlucken an das Gehirn: bekannt oder unbekannt, lecker oder gefährlich?

Spielanleitung:

Tropfe etwas Duftöl auf den Wattebausch und verschließe die Duftprobe in einer Dose mit Deckel. Wähle eine „Schnuppernase" aus. Die geöffnete Duftdose wird im Raum versteckt (z. B. hinter einem Mitspieler) und die erwählte „Schnuppernase" bekommt die Augen verbunden und soll erschnuppern, wo der Duft versteckt ist.

Du brauchst:

- Mind. 1 Mitspieler
- 1 kleines Döschen
- Wattebausch
- 1 Duftöl (z. B. Orange)

INFO

Der Geruch aktiviert Speichel- und Magensaftfluss, das ist notwendig für die richtige Verdauung. Mit Gerüchen verbindet man auch viele Erinnerungen, wie z. B. das Parfüm der Mutter, das Aroma von frischem Striezel am Wochenende, Großmutters Fleischlaibchen oder gegrilltes Fleisch im Sommer. Wie schmeckt für dich Weihnachten oder der Sommer?

Hör gut zu

Spielanleitung:

Du brauchst mindestens 4 Mitspieler. Ein Kind wird in der Vorbereitungszeit weggeschickt. Nun sucht ein Gemüse, das aus drei oder mehr Silben besteht wie z. B. Karotte. Die Silben sind:

Ka - rot - te.

Jedes Kind – oder wenn ihr mehr seid in Gruppen – spricht jeweils eine Silbe. Das heißt, die erste Gruppe wiederholt ständig die Silbe „Ka", die zweite Gruppe die Silbe „ro", die dritte die Silbe „te".

Nun ruft das Kind, das das Gemüse erraten soll, herbei. Jetzt rufen alle ihre Silbe auf einmal. Aus diesem Silbendurcheinander soll das gesuchte Wort erraten werden.

Verbinde dir vor deiner nächsten Mahlzeit die Augen und genieße das Essen blind. Mit verbundenen Augen machst du ganz neue Erfahrungen und erlebst deine Sinne viel bewusster.

Mit allen Sinnen

Deine Sinne

Der menschliche Körper hat 5 Sinne. Damit kann man fühlen, riechen, hören, schmecken und sehen. Zeichne oder schreibe auf, was du hören kannst etc.:

Unsere Sinne

 Mit den Fingern kann ich .

 Mit den Ohren kann ich ☐☐☐☐☐.

🗨 Mit der Zunge kann ich .

 Mit den Augen kann ich ☐☐☐☐.

👃 Mit der Nase kann ich .

)) Erkenne, wie ungewohnt selbst bekannte Speisen wirken, wenn du sie blind verkostest! //

Das Fühlen ist ein ganz wichtiger Sinn für uns alle. Die Haut, als Sitz unseres Tastsinnes, ist unser größtes Organ und immer sind wir in Kontakt zu etwas – sei es der Stoff der Kleider, die wir tragen, die Unterlage, auf der wir sitzen oder die Dinge, die wir berühren. Nimm einen Obstkorb gefüllt mit verschiedenen Obstsorten zur Hand. Und versuche nun, mit verbundenen Augen alles im Korb zu ertasten und zu erraten.

Lebensmittel

Faire Lebensmittel

Möchtest du dich auch für den fairen Handel einsetzen? Achte auf das Zeichen: „fair".

„Suche im Supermarkt nach fairen Lebensmitteln!"

Manuel erzählt:

Meine Mutter arbeitet in der Verpackungsabteilung der Bananenplantage und seit dem Tod meines Vaters muss auch ich arbeiten und mitverdienen. Mama sagt, dass ihn die giftigen Pflanzenschutzmittel, mit denen er jeden Tag auf dem Feld zu tun hatte, getötet haben. Ich bin nun Bananenträger und muss jeden Tag 50 kg schwere Bananenbüschel schleppen.

Noch schlimmer finde ich es, wenn aus dem Flugzeug das giftige Pflanzenschutzmittel über die Plantage gesprüht wird, während wir dort arbeiten. Dann brennt es in den Augen, in der Lunge und auf der Haut und ich muss an meinen Vater denken. Doch wenn ich nicht arbeite, dann können wir nicht überleben. Wenn wir krank sind und nicht arbeiten können, bekommen wir keinen Lohn und können uns nichts zu essen kaufen.

INFO

Für die „faire" Banane bedeutet das: Die Menschen auf den Bananenplantagen sollen gut behandelt werden und für ihre Arbeit genug Geld bekommen, dass sie sich davon auch Medikamente und die Schulbildung ihrer Kinder leisten können.

Lebensmittel mit gutem Gewissen

Unser Essen und besonders Fleisch trägt erheblich zur Klimabelastung bei.

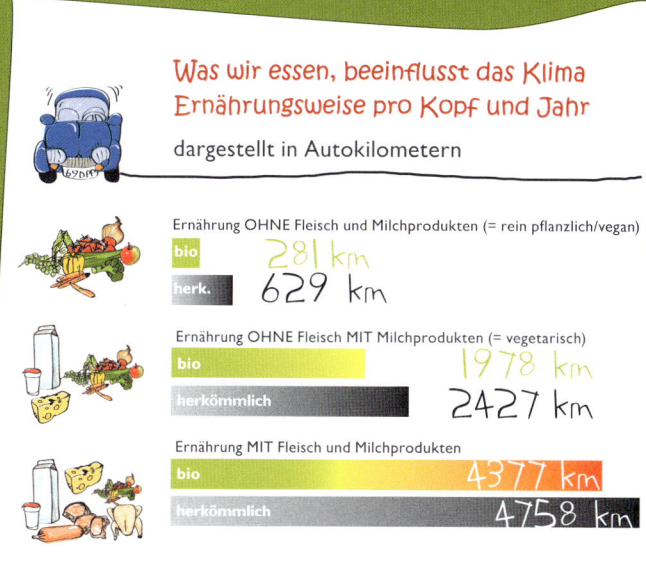

Was wir essen, beeinflusst das Klima
Ernährungsweise pro Kopf und Jahr
dargestellt in Autokilometern

Ernährung OHNE Fleisch und Milchprodukten (= rein pflanzlich/vegan)
bio 281 km
herk. 629 km

Ernährung OHNE Fleisch MIT Milchprodukten (= vegetarisch)
bio 1978 km
herkömmlich 2427 km

Ernährung MIT Fleisch und Milchprodukten
bio 4377 km
herkömmlich 4758 km

„Kennst du einen Weg, der 100 km weit weg führt?"

Mit dem Wissen, dass Fleisch die Umwelt belastet, kannst du dir überlegen, ob du nicht zwei fleischfreie Tage in der Woche probierst. Neben dem Schutz der Umwelt macht es dich auch fit.

Für deine fleischfreien Tage

Zucchini-Paprika-Nudeln

Koche die Teigwaren in ausreichend Salzwasser ca. 10 Minuten bissfest. Zucchini und Paprika waschen und in kleine Stücke schneiden. Das Gemüse in Butter anbraten und kurz dünsten (mit etwas Suppenwürze), mit Kräutern abschmecken. Die Nudeln unterziehen und mit frischem Parmesan servieren!

Du brauchst:
- 300 g Penne
- 3–4 Zucchini
- 2 rote Paprikaschoten
- 1 EL Butter
- Etwas Suppenwürze
- Italienische Kräuter
- Parmesan

Lauch-Kartoffel-Lachspuffer mit Dillsauce

Lauch in dünne Ringe schneiden und waschen. Die Karotte putzen und schälen. Die Kartoffeln schälen. Bitte einen Erwachsenen, das Gemüse fein zu raspeln. Zerpflücke den Lachs und füge ihn gemeinsam mit den Lauchringen zum Gemüse. Salzen, Eier und Mehl gut unterrühren. Erhitze etwas Öl in einer großen beschichteten Pfanne.

Du brauchst:
- 300 g Lauch
- 1 Karotte
- 300 g Kartoffeln
- 100 g Räucherlachs
- Salz
- 2 Eier
- 3 EL Mehl
- 6 EL Öl

Vom Pufferteig jeweils einen Esslöffel abnehmen, in die Pfanne geben und etwa 4 Puffer gleichzeitig braten. Die Puffer auf beiden Seiten knusprig braun braten, auf Küchenpapier abtropfen lassen und sofort servieren oder die bereits gebackenen Puffer im vorgeheizten Backofen warm halten.

Wenn du ganz CO_2-bewusst sein möchtest, dann wähle Räuchertofu statt Räucherlachs!

Fleisch richtig auswählen

Für weniger CO₂

Es ist gut, wenn das Fleisch von einem Fleischer mit eigener Tierzucht oder mit einem anerkannten Ökosiegel stammt.
Hättest du gedacht, dass der Eiweißgehalt von Schweinefilet höher ist als von Huhn oder Pute und dass Schweinefleisch das Klima weniger belastet als Rindfleisch?

Welche Speise fällt dir ein, die dir schmeckt und fleischfrei ist?

Fleischfrei snacken:

Tortillachips mit Gemüse

Die Paprikaschoten und die Tomaten fein würfeln und mit Mais und den fein geschnittenen Frühlingszwiebeln, etwas Ketchup und Orangensaft vermengen und mit Salz und Pfeffer abschmecken. Den Dip in Papiermanschetten füllen und die Tortillachips dazu reichen.

Du brauchst:
- 100 g Paprikaschoten
- 4 Tomaten
- 200 g Mais
- 2 Frühlingszwiebeln
- 1 EL Ketchup
- 2 EL Orangensaft
- Salz, Pfeffer
- Papiermanschetten
- 4 Hände voll Tortillachips

Iss doch
- möglichst wenig Fleisch,
- biologisch erzeugte Nahrungsmittel,
- saisonale Produkte,
- regional produzierte Produkte!

Dein CO_2-Sparbuch

Hier kannst du CO_2 sparen!

Zu Fuß: Du gehst zu Fuß zur Schule oder nimmst ein öffentliches Verkehrsmittel. Kleine Erledigungen am Nachmittag besorgst du mit dem Fahrrad oder zu Fuß.

Bewusst einkaufen: Ihr kauft Angebote aus der Region, die gerade Saison haben.

Frisch kochen: Du genießt Speisen aus frischen Zutaten, damit schonst du nicht nur die Umwelt, es schmeckt auch frischer und besser.

Müll richtig trennen: Durch Müllrecycling lässt sich im Alltag weiter CO_2 einsparen. Jede Wieder- oder Weiterverwertung von Rohstoffen vermeidet die Neuherstellung dieser Rohstoffe, was den CO_2-Ausstoß bei der Neuherstellung verhindert.

Veggietag: Es gelingt dir, einen Tag lang völlig auf Fleisch und Fleischprodukte zu verzichten!

Biologisch! Für jedes biologische Produkt, das du zu Hause entdeckst, darfst du einen Fußabdruck ausmalen.

Auch du kannst etwas für unsere Erde und den CO_2-Fußabdruck tun! Trage in dein CO_2-Sparbuch ein, wann es dir gelungen ist, CO_2 zu sparen, dafür darfst du einen Fußabdruck grün anmalen.

Das CO_2-Fußabdruck-Spiel

103

Das CO_2-Fußabdruck-Spielfeld besteht aus zwei Fußabdruckreihen mit jeweils 4 Fußabdrücken. An jedem Ende befindet sich ein größeres Erdfeld, welches im Laufe der Partie die gefangenen Fußabdruckkärtchen aufnimmt. Jedem Spieler gehören 4 verschiedene Fußabdruckfelder (1 Veggie-Feld, 1 Biofeld, 1 Bewusst-Einkauf-Feld, 1 Frisch-kochen-Feld) auf seiner Seite des Spielfeldes und das rechts von ihm gelegene Erdfeld.

Du brauchst:
- 1x Ausdruck Spielplan (Seite 1)
- 2x Ausdruck Kärtchen+Weltkugel (Seite 2)

Spielanleitung:

Zu Beginn des Spiels werden alle Spielfelder mit jeweils 4 Fußabdruckkärtchen gefüllt.
Wenn ein Spieler an der Reihe ist, wählt er eines der 4 Fußabdruckfelder auf seiner Seite aus, nimmt dessen Inhalt und verteilt ihn gegen den Uhrzeigersinn in die darauf folgenden Felder. Dabei wird in jedes Feld ein Fußabdruckkärtchen gelegt – hat man nach dem Ablegen in sein Kochfeld noch 1 Kärtchen übrig, darf man es in sein Erdfeld legen, andernfalls legt man die Runde weiter, bis man keine Kärtchen mehr hat. Das Ziel des Spiels ist es, mehr Fußabdruckkärtchen zu sammeln als der Gegner.

„Das CO_2-Fußabdruckspiel ist ganz einfach, trotzdem kannst du dir unterschiedliche Strategien überlegen, um zu gewinnen!"

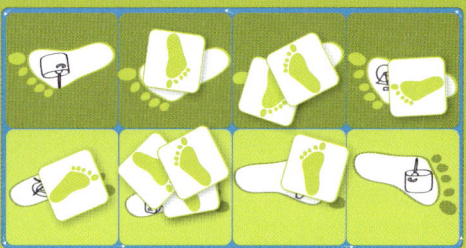

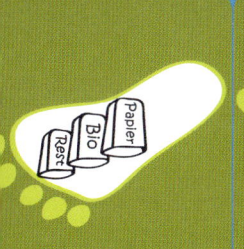

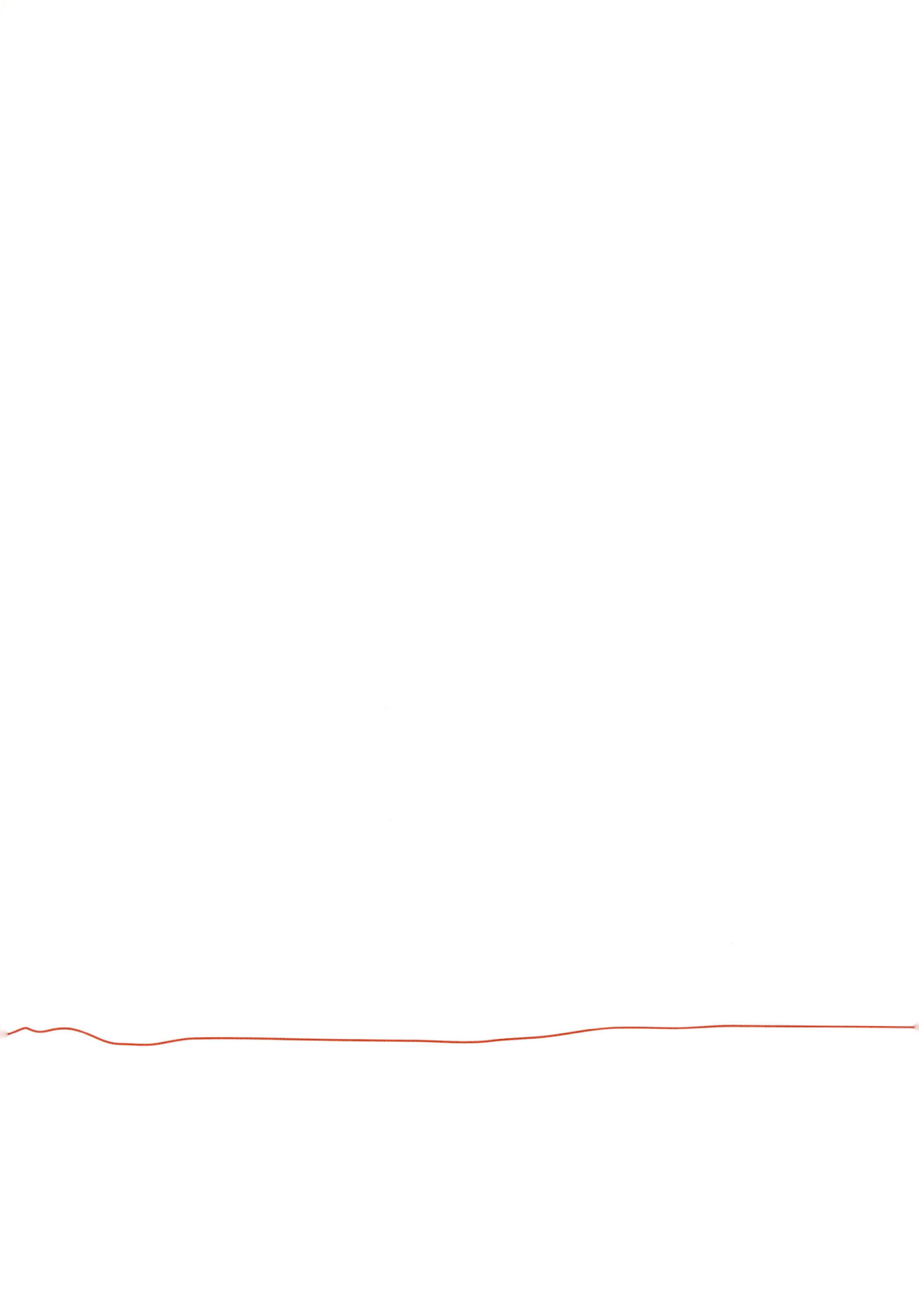

Zu dick? zu dünn?

Das kann man berechnen!

Der sogenannte BMI (Body-Mass-Index) ist ein Maß, mit dem man das Gewicht beurteilt. Er wird nach der Formel Gewicht (kg) / Größe (m)² berechnet.

Wärst du z. B. 9 Jahre alt, bist 136 cm groß und 33 kg schwer, dann rechnest du erst mal die Größe in Metern zum Quadrat aus (mal sich selbst) – das geht so:
1,36 × 1,36 = 1,849
Nun kommt die Endrechnung: 33 : 1,849 = 17,85
Jetzt schaust du in der Tabelle nach:

Hol dir einen Taschenrechner und tippe die Rechnung ein! Dann kannst du in der Tabelle nachschauen.

Mädchen				Jungen			
Alter	Unter-gewicht	Normal-gewicht	Über-gewicht	Alter	Unter-gewicht	Normal-gewicht	Über-gewicht
4	13,7	15,3	17,5	4	13,4	14,5	16,5
5	13,6	15,3	17,7	5	13,3	15,5	17,6
6	13,6	15,4	17,9	6	13,2	14,5	17,1
7	13,7	15,5	18,5	7	13,0	16,1	21,1
8	13,9	16,0	19,2	8	12,5	16,4	22,6
9	14,2	16,5	20,0	9	12,8	17,1	21,6
10	14,5	16,9	20,8	10	13,9	17,1	25,0
11	14,9	17,5	21,6	11	14,0	17,8	23,0

INFO

$$\frac{kg}{m^2} = BMI$$

Gerade richtig?

Übergewicht: Dein Körpergewicht ist etwas zu hoch. Du solltest mit deinen Eltern von eurem Arzt zusätzliche Risikofaktoren wie Bluthochdruck, Diabetes und Blutfettwerte testen lassen.

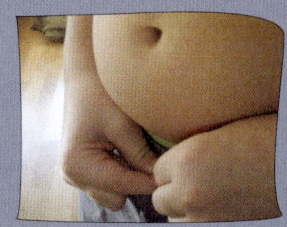

Normalgewicht: Hervorragend! Dein Gewicht liegt im gesunden Bereich. Ausgewogene Ernährung und viel Bewegung helfen dir, dass das auch so bleibt!

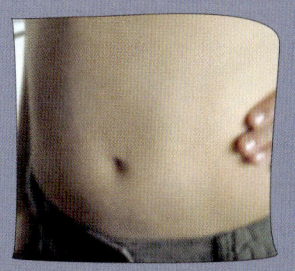

Untergewicht: Dein Körpergewicht ist für deine Größe sehr niedrig. Es besteht daher möglicherweise die Gefahr, dass du mit manchen notwendigen Nährstoffen nicht ausreichend versorgt bist. Niedriges Körpergewicht bedeutet auch ein höheres Risiko für Infektionskrankheiten.

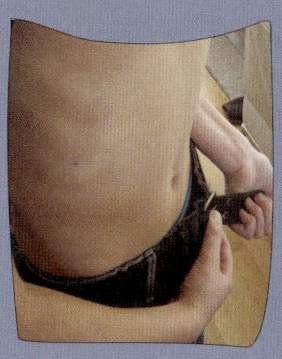

Auch der BMI ist nur ein Richtwert. Das Verhältnis von Fett- und Muskelgewebe ist bei jedem Menschen anders. Wenn du bei der Auswertung erfährst, dass du (stark) unter- bzw. übergewichtig bist oder Fragen zu dem Ergebnis hast, solltest du mit deinen Eltern sprechen und zum Arzt gehen.

Ernährst du dich gesund?

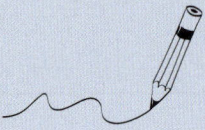

1 Mein Körpergewicht ist:
a normal.
b zu niedrig/hoch.
c viel zu niedrig/hoch.

2 Ich esse täglich Süßigkeiten.
a Stimmt.
b Stimmt nicht.

3 Ich trinke
a am liebsten süße Getränke wie Cola und Limonaden.
b am liebsten Wasser oder Früchtetee/Kräutertee/verdünnte Fruchtsäfte.

4 Ich esse
a oft stundenlang nichts, dann aber mit Heißhunger.
b drei größere Mahlzeiten am Tag.
c 5 oder mehr kleinere Mahlzeiten am Tag.

5 Nach dem Essen fühle ich mich
a oft müde.
b gestärkt und erfrischt.
c wie zuvor.

6 Wenn ich mich unglücklich fühle oder Ärger habe,
a tröste ich mich mit Essen und Süßigkeiten.
b habe ich keinen Appetit.
c treibe ich Sport oder ich beschäftige mich mit etwas, das mich wieder aufheitert.

7 Zum Frühstück
a esse ich meist gar nichts.
b trinke ich zumindest Milch/Kakao oder Fruchtsaft.
c wird ordentlich getafelt.

8 Meine Jause besteht meist aus
a Süßigkeiten / Mehlspeisen.
b Schulmilch / Kakao.
c hellem Brot / Semmel mit Wurst, Käse oder Butter.
d dunklem Brot / Vollkornbrot mit Butter und / oder frischem Obst.

9 Wenn Gemüse auf den Teller kommt,
a lasse ich es meist übrig.
b ess ich es meist auf.

10 Obst schmeckt mir
a am besten ohne Schale.
b am besten frisch und ungeschält.
c gar nicht.

11 Fisch esse ich
a jede Woche.
b 1- oder 2-mal im Monat.
c selten oder nie.

12 Fleisch esse ich
a täglich.
b mehrmals pro Woche.
c mehrmals im Monat.
d nie – ich bin VegetarierIn.

Dein Eintrag

	a	b	c	d
1				
2				
3				
4				
5				
6				
7				
8				
9				
10				
11				
12				

Auswertung

	a	b	c	d
1	2	1	0	
2	0	1		
3	0	2		
4	0	1	2	
5	0	2	1	
6	0	0	2	
7	0	1	2	
8	0	2	0	2
9	0	2		
10	1	2	0	
11	2	1	0	
12	0	1	2	2

Zur Orientierung:
2 Punkte = supergut
1 Punkt = okay
0 Punkte = unvernünftig und ungesund

Mehr als 16 Punkte: Bravo! Du ernährst dich gesund und abwechslungsreich. Das Essen gibt dir Kraft und du kriegst auch genügend Vitamine ab. Weiter so!

7 bis 15 Punkte: Naja, gar nicht sooo übel. Aber denk dran: weniger Süßigkeiten, weniger Fleisch und Wurst, dafür aber frisches Obst und Gemüse. Dann bist du sogar noch besser drauf.

Unter 7 Punkte: Aber hallo! Entweder betrachtest du deinen Körper als Mülleimer oder du hast noch nicht entdeckt, dass Essen auch Spaß macht! Wundere dich also nicht, wenn du dich oft schlapp und nicht so richtig leistungsfähig fühlst. Probiere es mit ein paar Fitmachern und teste dich in ein paar Wochen noch ein Mal!

"Gesunde Ernährung bedeutet nicht Verzicht! Fitmachendes Essen soll natürlich auch schmecken."

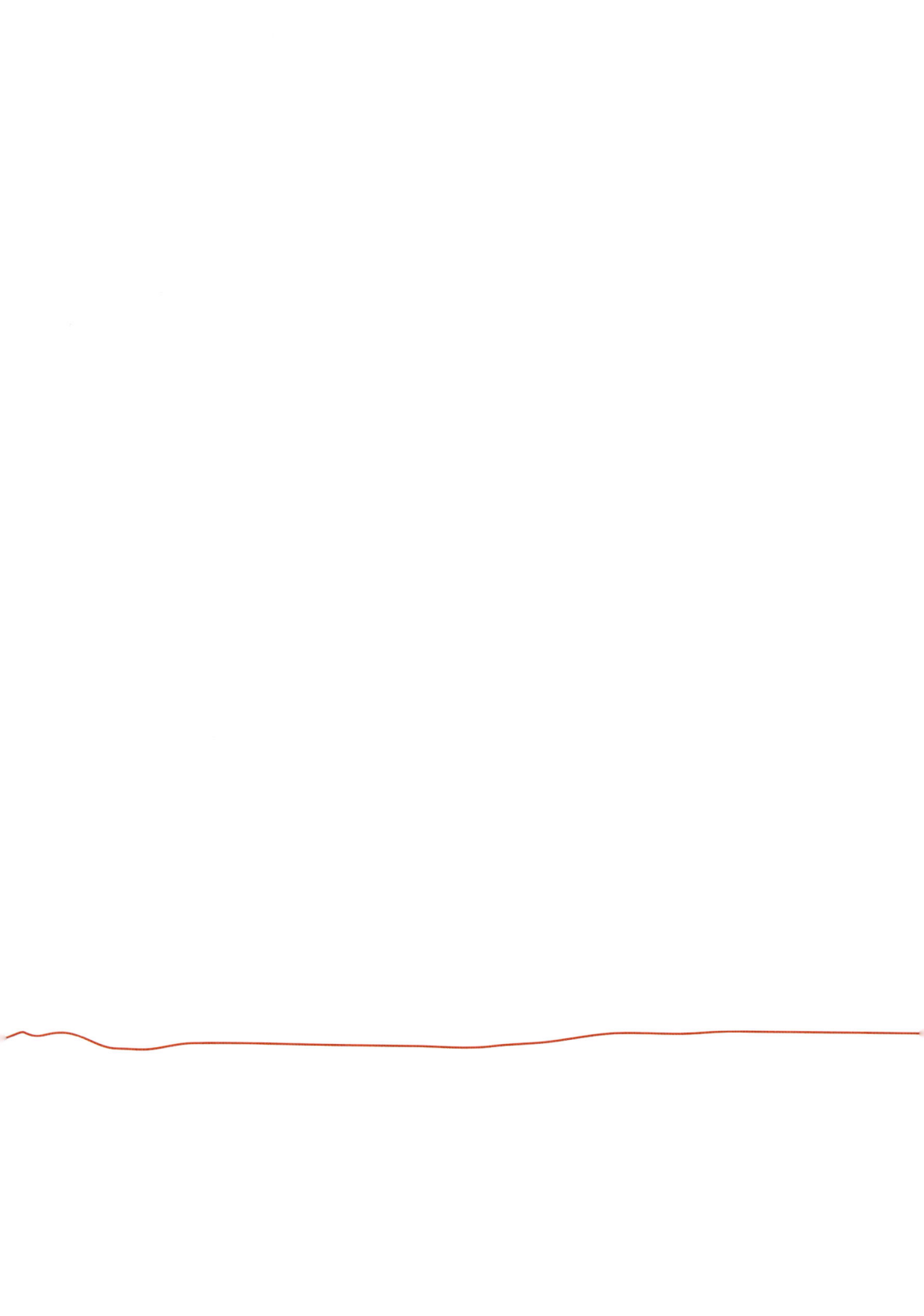

Snacks, die fit machen

Für die Jausenbox: Obst zusätzlich in Frischhaltefolie wickeln und Joghurtdip in eine gut verschließbare Plastikbox geben!

Entwirf eine Jause, die nicht nur fit, sondern auch Spaß macht!

- ☐ Trockenfrüchte und Nüsse und 1 Banane
- ☐ Käse-Tomaten-Stangerl
- ☐ Grissini-Stangerl, Karotte und Tomate
- ☐ Brot, Käse und Tomaten am Spieß
- ☐ Wurst- & Käsetiere auf Gurkenscheiben
- ☐ Joghurt mit Heidelbeeren
- ☐ Schokoladen-Hafer-Cookies
- ☐ Gemüsesticks mit Dip
- ☐

 zu tun

Auf die Verpackung kommt es an. Probier es aus, schreibe eine kurze Botschaft auf die Banane.

Den Affen abgeschaut?

Jausenparty!

Prämiere die beste Jausenkreation.
Vielleicht kannst du eine ganze Gruppe für eine Jausenparty begeistern. Alle Kinder bringen eine besondere Jause mit, die fit macht und ein bisschen besonders ist. In der Familie überlegt sich jedes Familienmitglied einen peppigen Jausensnack. Hier kann man die Aktion auch auf ein Monat ausdehnen, wo jedes Wochenende ein anderes Mitglied seine Kreation vorstellt, die dann verkostet wird. Am Ende wird abgestimmt, welcher Snack den ersten Platz verdient?

„Magst du auch Obststücke lieber als Obst im Ganzen? Auch Affen essen ihr Obst lieber stückchenweise oder lutschen genüsslich an Obstspalten."

1. Platz

z.B. eine Werbung für Wasser!

zu tun

Überlege dir Werbeslogans für Snacks, die fit machen!

Jausenspiel

Du brauchst:
- 3 grüne und gelbe Spielfiguren
- 1 Würfel
- 2–6 Spieler

Spielanleitung:

Jeder Mitspieler erhält eine Spielfigur. 2–6 Spieler können gemeinsam auf einem Spielbrett spielen.

Die grünen Spielfiguren stehen am Start im grünen Spielfeld, die gelben Spielfiguren am gelben Spielfeld.

Es wird im Uhrzeigersinn gewürfelt. Jeder Spieler darf nur auf die Symbole weiterziehen, die seiner Spielfigur entsprechen. D. h. landet man mit seiner Spielfigur Eiweiß nicht wieder auf dem Symbol Eiweiß, bleibt die Figur stehen. Es gewinnt die Mannschaft, der es gelingt, als erste alle 3 Figuren ins Ziel zu bringen.

Wenn du das Spiel folierst, kann es immer wieder gespielt werden.

 zu tun

Bastle dir das Jausenspiel und du begegnest wieder den „tollen 5", nämlich Eiweiß, Fett, KOs, Miniagenten und dem Wasser. Viel Spaß!

Jausenvariationen

Du brauchst:
- 800 g Obst (Weintrauben, Orange, Banane, Kiwi ...)
- 1 Zitrone
- 300 g Vollmilchjoghurt
- 150 g Rahm
- 2 EL Agavendicksaft oder flüssiger Honig
- 1 Tüte Vanillezucker
- Partyspießchen

Obstfondue
Bereite möglichst viele verschiedene, mundgerechte Fruchtstückchen zu! Alle Früchte, die sich leicht verfärben, vorher in Zitronensaft tauchen. Vollmilchjoghurt mit allen anderen Zutaten vermischen. Mit Spießen, Obstteilchen und Joghurtdip servieren.

Du brauchst:
- 100 g weiche Butter
- 120 g brauner Zucker
- 1 Ei
- 1 TL Backpulver
- 70 g Mehl
- 100 g Haferflocken
- 70 g Mandeln gerieben
- 50 g Schokoladeflocken

Frühstückskekse
Weiche Butter mit allen Zutaten vermengen und mindestens eine Stunde kühl stellen. Backbleche mit Backpapier auslegen, walnussgroße Teigbällchen auf die Bleche setzen und etwas flachdrücken. Im Backofen auf mittlerer Schiene 12 Minuten bei 180 Grad backen. Wenn die Kekse aus dem Ofen kommen, sind sie noch recht weich, werden aber beim Abkühlen hart. 1–2 Kekse mit einer Handvoll Obst oder einem Joghurt reichen.

Du brauchst:
- 1 Salatgurke
- 200 g Frischkäse
- 1 Packung Vollkorngrissini

Gurkenbecher
Die Gurke in 3 cm dicke Scheiben schneiden. Mit einem Löffel auf einer Seite etwas aushöhlen und mit Frischkäse füllen. Vor dem Verzehr mit Grissini-Stangerln garnieren.

Jausentüte

Fülle eine Handvoll Zimtflakes in eine Tüte und packe ein Stück Obst ein.

Du brauchst:
- Zimtflakes
- 1 Papiertüte
- Obst (Apfel, Birne)

Obst mit Honig

Eine Frucht der Saison in mundgerechte Stücke schneiden, mit Honig beträufeln und mit Partyspießen servieren.

Du brauchst:
- Früchte
- Flüssigen Honig
- Partyspieße

Weicher Lebkuchen

Alle Zutaten gut verkneten und ½ cm dick auswalken und ausstechen. 3–5 Minuten bei 180 Grad (Heißluft bevorzugt) backen. Glasur: Staubzucker und Wasser mit Zitronensaft verrühren und den Lebkuchen damit glasieren.

Du brauchst:
- 280 g Roggenmehl
- 180 g Rohrzucker
- 2 Eier
- 1 Kaffeelöffel Natron
- 2 große Löffel Honig
- 2 kleine Löffel Zimt
- 1 Messerspitze Gewürznelken
- 280 g Staubzucker
- 3 EL Wasser
- 1 EL Zitronensaft

Knochenstarke Käsesemmel

Kornsemmel mit Streichkäse bestreichen und mit Schnittkäse und Gurkenscheiben belegen. Dazu frische Beeren (oder anderes Obst) in die Jausenbox packen.

Du brauchst:
- 1 Kornsemmel
- 10 g Streichkäse
- 2 Blatt Schnittkäse
- 3 Gurkenscheiben
- Beeren

Füllungen für deine Jausenbox

Pausenknabberei
Du kannst dir auch deine eigene Nussmischung zusammenstellen.

Du brauchst:
- 1 kleine Packung Studentenfutter (Nüsse, Rosinen, Trockenfrüchte)
- 1 Banane

Hochstapler-Brötchen
Toastbrot mit Frischkäse bestreichen, 1 Scheibe mit Gurkenscheiben belegen und mit der nächsten Scheibe abdecken. Abermals mit Frischkäse bestreichen, mit Schinken belegen und mit der dritten Toastbrotscheibe abdecken. Deinen Brotstapel in gleichmäßige Würfel schneiden und mit Partyspießen befestigen. Dazu 3 Kirschtomaten und einen Apfel in die Jausenbox packen.

Du brauchst:
- 3 Scheiben mehrkörniges Toastbrot
- 1 EL Frischkäse
- 4 Gurkenscheiben
- 1 Scheibe Schinken
- Partyspieße
- 3 Kirschtomaten
- 1 Apfel

„Bring auch Abwechslung in deine Jause. Jeden Tag das Gleiche ist für deinen Körper nicht gesund."

Jausen-Check

Umrande die Fitmacher grün!

„Du brauchst viele verschiedene Nähr- und Wirkstoffe, darum mach auch deine Jause bunt!"

Deine Jause kann dich fit oder schlapp machen.
Erinnerst du dich: Täglich brauchst du 7–10 Fitmacher und du darfst 2 Schlappmacher essen.
Macht dich deine Jause fit?

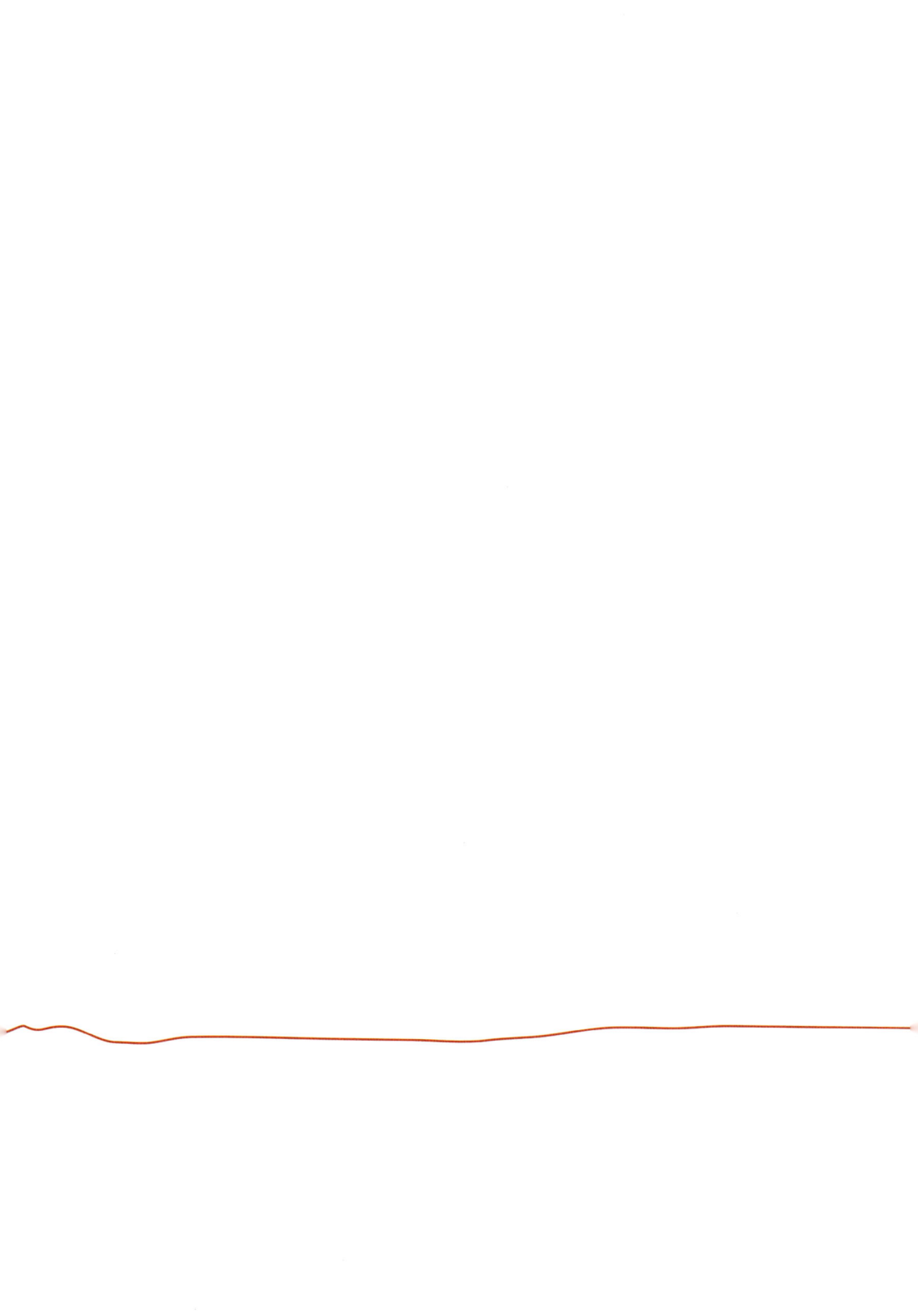

Kau dich schlau

Deine Kommandozentrale

Steckbrief

Name: Gehirn
Fundort: im oberen Bereich deines Schädels
Job: kommandiert den Rest des Körpers herum, zuständig für Erinnerungen, Gedanken, Träume usw.
Schade: Gleich nach der Geburt beginnen die Gehirnzellen abzusterben und wachsen nicht mehr nach! Zum Glück besitzt du anfangs etwa 15 Milliarden Gehirnzellen, das reicht für ein ganzes Leben! Das sind 3 x mehr als bei einem Gorilla.
Sensationell: In dieser „Kommandozentrale" gibt es verschiedene Abteilungen:

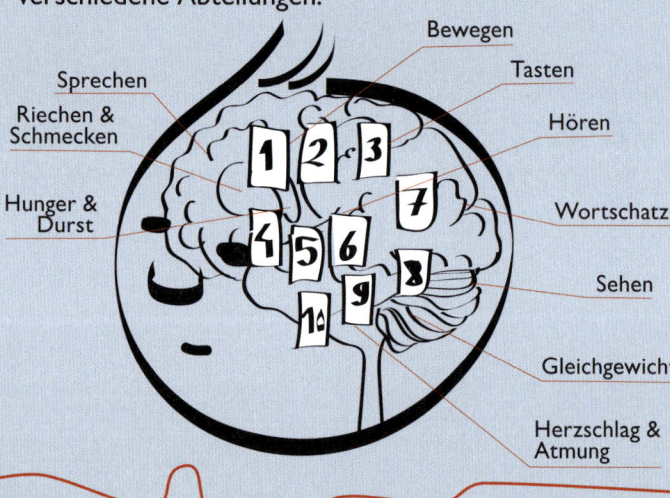

zu tun

Das „Gehirn" gibt Befehle, der „Körper" muss diese ausführen. Dein Spielpartner und du vereinbaren, wer als Gehirn beginnen darf, der andere gehorcht den Anweisungen, nach zwei Minuten wechselt ihr! Kommandos können lauten: Steh auf, beuge die Knie, tippe dir an die Stirn, klopfe auf den Tisch ...

Wunderwerk Gehirn

Ausgetrickst

Bei der Torte fehlt ein Stück. Wo ist es hinverschwunden? Stell das Buch auf den Kopf und fixiere mit deinen Augen die Lücke in der Torte. Wenn du genau schaust, siehst du ein Tortenstück herauskommen, kurz konntest du das Gehirn optisch täuschen!!!

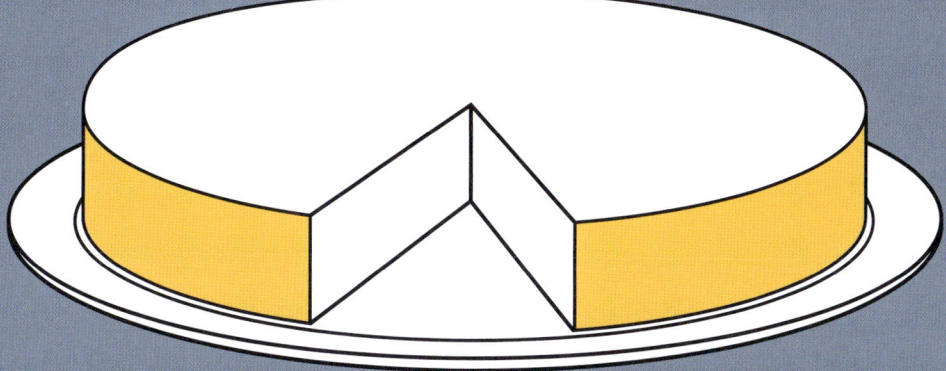

Auch das Gehirn braucht spezielle Nahrung, um richtig zu funktionieren.

Schnelles Denken ermöglichen: Äpfel, Tofu, Nüsse, Fische, Haferflocken, Weizenkeime, Heidelbeeren, Ei und Käse.

Denkerbrote?

Wie könnte deine Jause für die optimale Denkleistung ausschauen?

Lass dir auch kreative Namen dafür einfallen: z. B. Denkerbrot, Einsteinweckerl, Knabberdichklug ... (Ein Denkerbrot könnte etwa ein Vollkornbrot mit Käse und Gurke sein.)

„Wenn du einen Test hast, kannst du deine Konzentration mit einem Apfel oder einer Handvoll Walnüssen aktivieren."

INFO

Damit dein Gehirn bestens funktioniert, braucht es ausreichend Wasser. Bedenke, dass das Gehirn größtenteils aus Wasser (80%) besteht. Bereits geringe Flüssigkeitsverluste führen zu Müdigkeit und Konzentrationsschwäche.

Denker-Kaugummi

Kau dich schlau

Bastle dir einen Denk-Kaugummi. Löse vorsichtig die Schleife von einem zuckerfreien Streifenkaugummi und gestalte die weiße Innenseite neu. Befestige die neue Banderole wieder am Kaugummi und kaue ihn, wenn du dich besonders konzentrieren willst.

Du brauchst:
- Zuckerfreie Kaugummi in Streifen
- Stifte

Kaugummi kauen (zuckerfrei!) ist nach Ansicht von Forschern gut für die Konzentration. Es steigert die Fähigkeit, sich etwas zu merken und sich zu erinnern, weil durch das Kauen mehr Sauerstoff ins Gehirn gelangt.

Denke weiter ...

Wie entsorgst du gekauten Kaugummi?

Rate mal, welche Antwort stimmt, 1 oder 2?

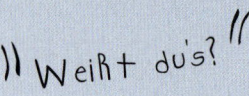

1. Entferne den Kaugummi mit den Fingern und klebe ihn vorzugsweise unter eine Tischkante. Aber auch der Stuhl des Sitznachbarn in Bahn, Bus sowie Wartehäuschen eignet sich als Endlager. Diese Methode hätte den Vorteil, dass der Kaugummi später von Dritten nochmals gekaut werden könnte. Diese Art der Entsorgung ist nicht in allen Ländern zulässig. In Singapur zum Beispiel würdest du deswegen von der Polizei aufgegriffen und bestraft werden.

2. Den Kaugummi nach dem Genuss ins Papier wickeln – und ab damit in den Müll! Das macht keine Mühe und hält die Umwelt sauber! Ist der Kaugummi nicht eingewickelt, einfach ein anderes Stück Papier zum Wegwerfen nehmen! Handelsüblicher Kaugummi ist nicht biologisch abbaubar. Wenn ein Kaugummi einfach weggeworfen wird, bleibt er auf der Straße, Kleidung, auf den Schuhen kleben, und es dauert meist mehrere Jahre, bis er zerfällt.

Kaugummi-Spiel für 2 oder mehr Kinder: Ein Kind versucht sich fortzubewegen, während die anderen Mitspieler wie Kaugummi an den Beinen kleben und so die Fortbewegung erschweren. Dann tauschen die Kinder ihre Rollen, bis jeder Kaugummi und Gehender war.

Denkleistung

Einfach genial!

Über das Gehirn, das Rückenmark und die Nervenbahnen wird unser Körper gesteuert. Ohne sie können wir weder denken, fühlen noch etwas tun – nicht einmal atmen. Die Nervenbahnen haben zwei Aufgaben, sie leiten Wahrnehmungen von außen (z. B. Sehen, Hören, Berührungen) an das Gehirn und übermitteln von dort Befehle an die Muskeln, z. B. beim Atmen, Laufen oder Verdauen.

Für ein optimales Funktionieren des Gehirns müssen die Miniagenten (Vitamine und Mineralstoffe) sowie Eiweiß in den richtigen Mengen zur Verfügung stehen. Mit einer ausgewogenen Kost ist das leicht möglich.

Deine Ernährung beeinflusst Denkleistung und Stimmung!

Bewegung verbessert die Denkleistung, aber sowohl Gehirn wie Muskeln müssen richtig ernährt und entsprechend trainiert werden, um fit zu sein. Mehrere Studien haben bewiesen, dass der Mensch im Laufe des Vormittags mehr Fehler macht, wenn er nicht genügend gefrühstückt hat.

Hirn-Nahrung

Denk-dich-schlau-Drink

Du brauchst:
- 2 kleine Bananen
- 300 ml gerührtes, mildes Joghurt
- 330 ml Orangen-Karottensaft
- 2 TL zarte Haferflocken
- 3 getrocknete Marillen (Aprikosen)
- Ev. 1 TL Hefeflocken

1. Die Bananen schälen und zusammen mit dem Joghurt, dem Orangen-Karottensaft, den Haferflocken und getrocknete Marillen in den Mixbecher füllen.

2. Die Zutaten auf höchster Stufe kurz mixen.

3. Den Drink in ein Glas gießen und mit Strohhalm servieren. Fühlst du dich nervös und zappelig, dann füge auch noch 1 Teelöffel Hefeflocken hinzu!

Heidelbeerdatschi

Du brauchst:
- 3 Eier
- 1 EL Honig
- 150 g Mehl
- 1 Prise Backpulver
- 1 Prise Salz
- 1/4 l Milch
- 1 EL Öl
- 500 g Heidelbeeren
- Etwas Staubzucker

Eier trennen, Eigelb mit Honig schaumig rühren, Mehl, Backpulver, Salz und so viel Milch dazugeben, dass ein dickflüssiger Teig entsteht. Das Eiweiß steif schlagen und unter den Teig ziehen. Man gießt portionsweise „Fladen" in eine geölte Pfanne. 1 x wenden, erst dann die Heidelbeeren darüber streuen. Die Datschis (kleine runde Pfannkuchen) bei 200 Grad im Backofen fertig backen. Zuckern und genießen!

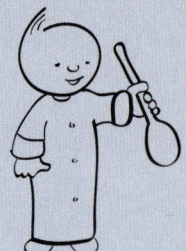

Diese Rezepte enthalten alles, was dein Gehirn zum Denken braucht.

Knusperröllchen

Den Strudelteig auslegen und in 12 Rechtecke schneiden. Die getrocknete Tomate in Streifen schneiden, Tofu zerbröseln und alles mit den Kräutern verrühren. In die Mitte der Strudelteigrechtecke längs die Kräuter-Tofumasse verteilen und einrollen. Auf ein Backpapier legen und auf mittlerer Schiene 5 Minuten bei 180 Grad im Backofen goldbraun backen, herausnehmen, auskühlen lassen und in Servietten gewickelt in eine Lunchbox packen.

Du brauchst:
- 1 Packung Strudelteig
- 1 getrocknete Tomate
- 120 g Tofu
- 1 EL italienische Kräuter

Ich mag die Knusperröllchen auch mit Spinat und Schafkäse gefüllt. Probiere auch andere Füllungen aus!

Ausreichend Flüssigkeit steigert die Konzentration. Ist die Flüssigkeit allerdings zuckerhältig, bekommst du sehr rasch wieder Hunger. Als Getränk ist also Wasser die geeignete Wahl.

Brain-Food-Frühstück für 4 Personen

» Auch das Frühstück braucht Abwechslung! Versuche Neues und animiere auch die anderen Familienmitglieder. Überrascht euch gegenseitig mit neuen Frühstücksideen! «

Knäckebrot und Ei
12 Scheiben Knäckebrot, 12 Blatt magerer Schinken, roh oder gekocht, 1 Frühstücksei weich gekocht

Frischkäse, Kräuter, Brot
8 Scheiben Walnussbrot oder Sonnenblumenbrot, 300 g Frischkäse, 2 EL frische Kräuter gehackt, z. B. Schnittlauch, Petersilie, Basilikum, 2 Paprikaschoten (Farbe nach Lust und Laune)

Obstsalat und Vollkorncroissant
800 g Obstsalat aus den Früchten eurer Wahl, 4 Vollkorncroissants

Exotische Cornflakes
200 g Cornflakes, 700 g Milch, 2 Stück Mango/Papaya
In der Zeit von Jänner bis März, wo auch die heimischen Obstsorten einen hohen CO_2-Wert aufweisen, darf es auch mal ein bisschen exotisch sein!

Roggenbrot mit Rührei
Pro Person: 1 Scheibe Roggenbrot, 25 g Butter, 2 Stk. Rühreier, 1 kleine Tomate (gewürfelt)

Schmackofit-Song

Er - leb' die Welt von Schmack - o - fit.
Ge - sun - des Es - sen hält uns fit.
Darum ma - chen al - le Kin - der mit.
Gu - tes Es-sen ist ein Hit!

2
Die Wissenschaft hat festgestellt,
durch Naschen Leben länger hält.
dreimal Süßes wöchentlich,
das ist 'ne tolle Gschicht!

3
Schmackofit auf Ausflugstour.
Dem Essen auf der Spur.
Landen mittendrin im Bauch.
Spielen im Darmschlauch!

4
Lasst uns mit zum Einkauf gehen,
als Detektive Essen sehen.
CO_2 greift die Erde an,
Schmackofit ruft Alarm!

5
Zerlegen Essen klitzeklein,
finden jeden Baustein,
ausgelassen, fit und froh,
Kraft aus Eiweiß, Fett und KO.

6
Müsli, Apfel, Milch und Ei
schafft schnell für mich herbei.
Knabber klug an Käs' und Nuss,
Fitnahrung ist ein Genuss!

7
Schmackofit verrät dir weis',
achte auf den Ernährungskreis.
So hältst du deinen Körper fit,
sei so schlau und mache mit!

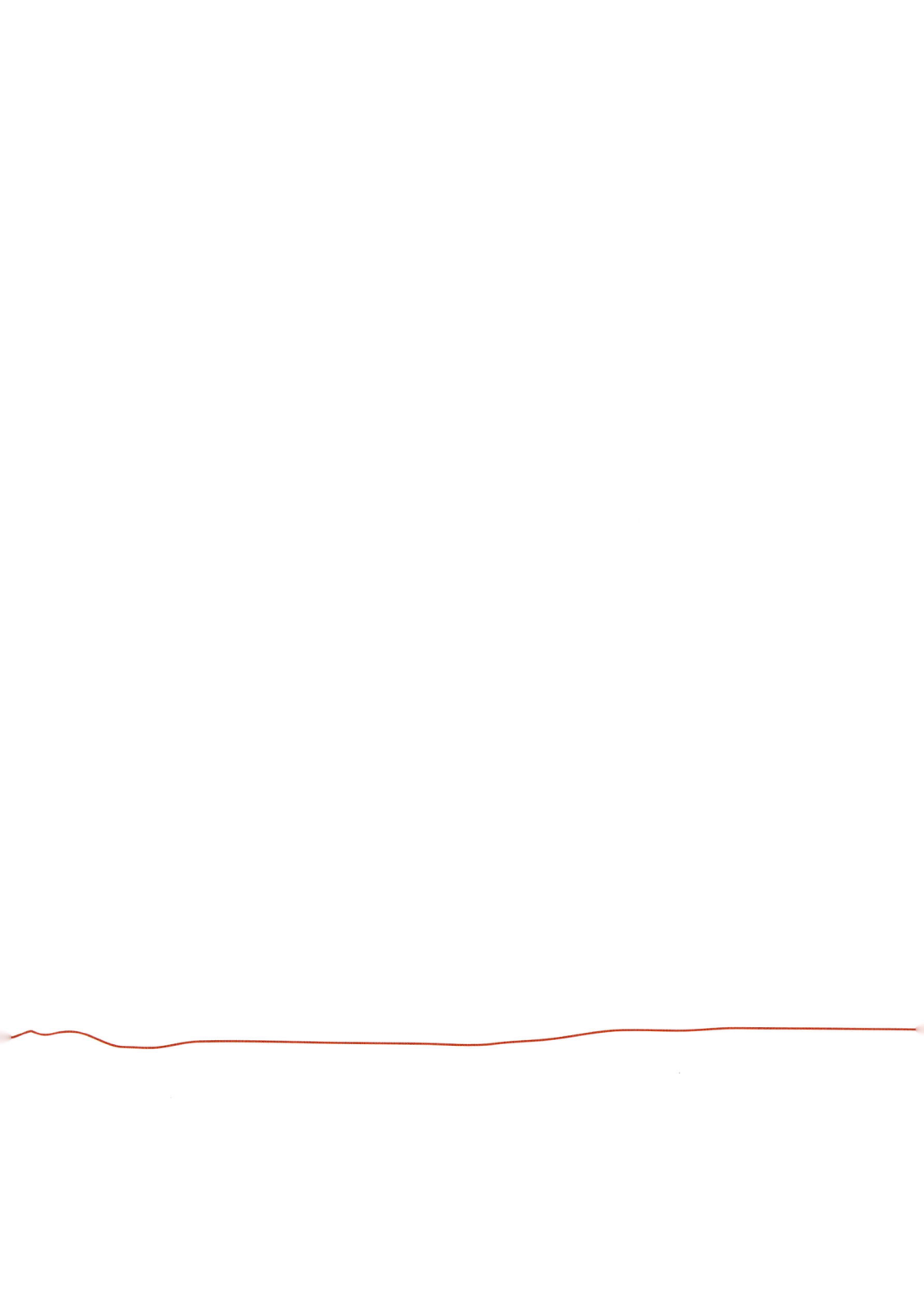

Bakterienschau

Du brauchst:
- 4 Testpersonen
- Färbetabletten
- 1 Apfel
- 1 Stück Gurke
- 1 Keks
- 1 Stück Brot
- 1 Spiegel
- Zahnpasta
- Zahnbürste

Mittels Färbetabletten weisen wir im Mund Bakterien nach. Die Bakterien stürzen sich auf Speisereste. Was mögen sie am liebsten?

Probiere eines der Lebensmittel. Kaue es gut! Schau dir dann die Zähne im Spiegel an!
Nimm dir nun eine Färbetablette. Diese zeigt dir die Bakterien. Was kannst du sehen?

Kreuze nun an, nach welchem Lebensmittel die Zähne die schlimmste Verfärbung zeigen?

- ○ Apfel
- ○ Gurke
- ○ Brot
- ○ Keks

Gibt es Unterschiede: ○ Ja   ○ Nein

Putze dir danach die Zähne!

„Hast du Süßes zwischendurch gegessen, das Zähneputzen nicht vergessen. Und es ist auch gut zu wissen, kein Zahnarzt hat je ein Kind gebissen!"

zu tun

Im Alter von 6–13 Jahren verdrängen die im Kiefer schlummernden, bleibenden Zähne die Milchzähne. Der Milchzahn wird lose und wackelig.

Wie viele Milchzähne hast du schon verloren?
Ich habe schon ☐ Milchzähne verloren.

Gut oder schlecht für die Zähne?

Verbinde die jeweiligen Lebensmittel mit dem lachenden oder dem traurigen Zahn.

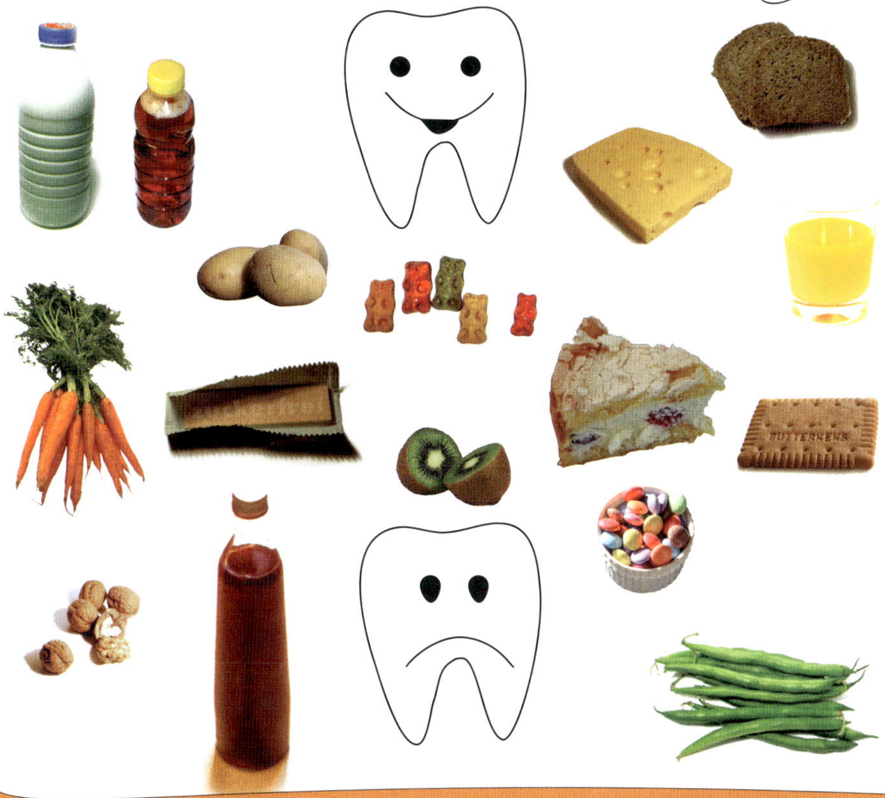

Wir haben 3 verschiedene Zahnarten: Schneidezähne, sie funktionieren wie eine Schere, Backenzähne, sie sind dein Mahlwerk, und Eckzähne, sie sind deine Zangen.

Ich habe ☐ Schneidezähne, ☐ Eckzähne und ☐ Backenzähne.

  Schneidezahn

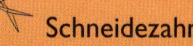 Eckzahn

 Backenzahn

Wackelzahnspiel

Bastelanleitung:

Schneide den Spielplan aus und klebe ihn auf eine Müslischachtel. Schneide dort, wo die schwarzen Kreise sind, mit einem Messer Löcher in die Schachtel. (Lass dir von einem Erwachsenen helfen.) Pikse in jeden schwarzen Punkt einen Zahnstocher – fertig. Versuche nun, eine Murmel vom Start ins Ziel zu bringen!

Du brauchst:
- Schere, Klebstoff
- Müslischachtel
- Zahnstocher
- Messer
- 1 Murmel

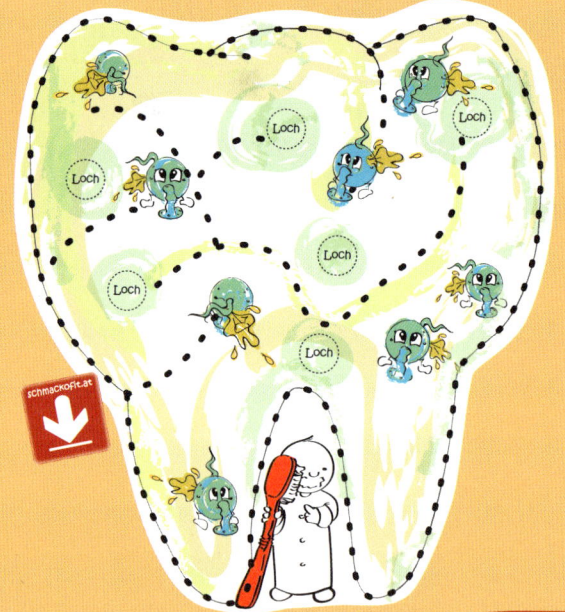

INFO

Bakterien wohnen in deiner Mundhöhle. Sie lieben Essensreste. Sogleich stürzen sie sich darauf. Sie scheiden danach Säure aus! Egal, was du isst – ohne regelmäßiges Zähneputzen greift die Säure deine Zähne an und es kann ein schwarzes Kariesloch entstehen!

Zahnpuzzle

Die vier Puzzleteile sind durcheinandergeraten. Wie werden sie zu einem ganzen Zahn?

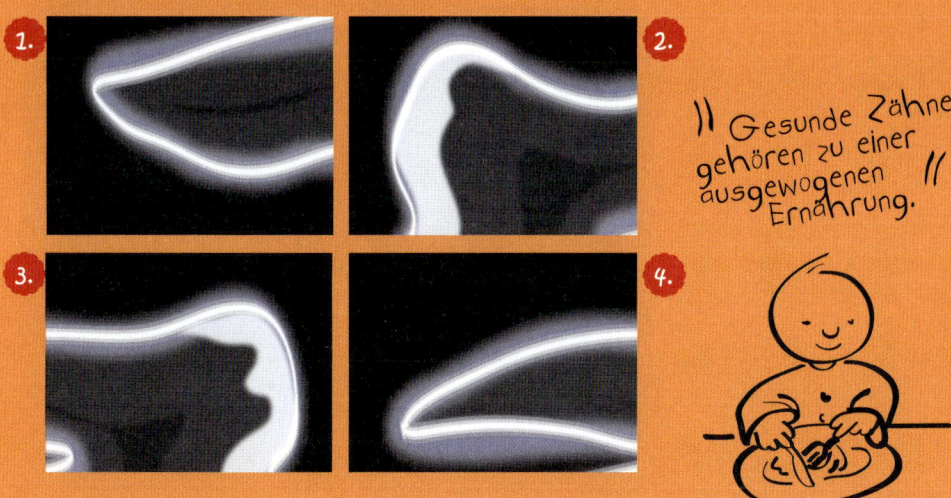

„Gesunde Zähne gehören zu einer ausgewogenen Ernährung."

Ohne Zucker durch den Vormittag!

Das heißt, nach dem morgendlichen Zähneputzen bis zum Mittagessen Lebensmittel mit Biss (z. B. Käsebrot, Äpfel, Karotten) als Zwischenmahlzeit essen und Getränke ohne Zucker (z. B. Wasser, Mineralwasser oder ungesüßte Tees) trinken.

Milch, Käse, Eier, Gemüse, Hülsenfrüchte, Kartoffeln, Vollkornprodukte, Nüsse

Saures Obst, Fruchtsäfte und Limonaden, Süßigkeiten

Wähle die richtigen Lebensmittel

Bevor man kochen kann, braucht man ein paar Lebensmittel:

Was sollte man auf jeden Fall stets im Haus haben?

- Mehl, Zucker
- Gewürze, Trockenkräuter
- Tee, Kakao
- Wasser
- Salz, Pfeffer, Öl, Essig
- Nudeln, Reis, Kartoffeln
- Ketchup, Senf
- Kompott
- Frühstücksflocken (Haferflocken, Müsli, Cornflakes ...)
- H-Milch (für den Notfall)
- Gebäck zum Aufbacken (für den Notfall)

Fertigprodukte?

Wenn es mal schnell gehen muss, sind Fertigprodukte ideal. Ansonsten sollte man aber Speisen aus frischen Zutaten bevorzugen, da man damit nicht nur die Umwelt schont, sondern es einfach auch frischer und besser schmeckt.

„Der Transport von Lebensmitteln über Länder und Kontinente hinweg, belastet unsere Erde."

Kühlschrank-Check

Klimazone?

Ein Kühlschrank hat verschiedene Klimazonen: Im untersten Fach über dem Gemüsefach ist es am kältesten, nach oben hin wird es immer wärmer, weil die warme Luft nach oben steigt.

- Getränke, Käse, Eingemachtes
- Milchprodukte, Feinkost, fertig Zubereitetes
- Fisch, Fleisch, Wurst, Wintergemüse und Obst
- Salate, Gemüse, Südfrüchte
- Eier, Marmelade, Butter, Saucen
- Getränke

Wenn man den Kühlschrank richtig einräumt, bleiben die Lebensmittel länger frisch – denn manche brauchen es kälter als andere. Generell sollte der Kühlschrank nicht zu voll geräumt werden, damit alles gut gekühlt wird. Von Zeit zu Zeit sollte der gesamte Kühlschrank gereinigt werden – am besten mit Essigwasser.

Kühlschrank-Spiel

Du brauchst:
- 6 Spielfiguren
- 1 Würfel
- 3 × 6 Esstypen-Karten
- 10 Kühlschrank-karten
- 6 Schmackofit-Joker

„Mein computer-gesteuerter Kühlschrank bestellt völlig eigenmächtig Lebensmittel, aber ich glaube, er isst sie auch auf!"

Spielanleitung:

Zu Beginn des Spieles wählst du eine der 6 Spielfiguren aus. Positioniere deine Figur am Startfeld. Du ziehst um die gewürfelte Augenzahl vor- oder manchmal auch rückwärts. Ist das Feld besetzt, würfelst du noch einmal.

Was passiert auf den besonders markierten Feldern?

Esstypenfeld: Ziehe eine Esstypenkarte, wenn du schon drei Karten hast, darfst du nun tauschen.

Kühlschrankfeld: Ziehe eine Kühlschrankkarte – besitzt du einen Schmackofit-Joker werden dir auch Anweisungen, wo du rückwärts ziehen musst, nichts anhaben.

Hast du drei gleiche Esstypenkarten oder 2 Esstypenkarten und einen Schmackofit-Joker, versuche so schnell wie möglich ins Ziel zu gelangen, ansonsten musst du noch eine Runde drehen. Das Zielfeld muss mit genauer Augenzahl erreicht werden.

Schmackofit-Joker: Je mehr du über die Ernährung und dein Essverhalten weißt, umso leichter kannst du auch mit Versuchungen umgehen. Darum bringt dir der Schmackofit-Joker im Spiel Vorteile: Du kommst schneller ans Ziel!

Verschiedene Esstypen

Diese sechs Esstypen sind mit dabei im Kühlschrank-Spiel.

Einkaufschecker: schaut genau darauf, was in Lebensmitteln steckt.

Genussmensch: ob ein simples Butterbrot oder ein Festessen, Essen ist ein Fest der Sinne!

Salatspezialist: Knackig und frisch muss das Essen sein, der Kühlschrank ist gefüllt mit Gemüse.

Fleischtiger: Fleisch kommt bis zu fünf Mal pro Woche auf den Tisch und in den Bauch.

Schokoholik: liebt Süßes über alle Maßen und Süßes gibt es immer.

Kummerschlucker: Gegen Kummer oder Langeweile greift dieser Typ zum Essen.

zu tun

Manchmal ist es gar nicht so eindeutig, welcher Esstyp man ist und es gibt viele unterschiedliche Typen: Gewichtskontrolleure, Nebenbei-Esser, Stimmungsesser oder Mitesser, sie bekommen Appetit, wenn jemand anderer isst. Erkennst du ein Familienmitglied? Welcher Typ bist du am ehesten?

» Das Spiel macht dich zum Kühlschrank-Einräumprofi! «

147

Fleisch

Bewahre Fleisch immer im Kühlschrank in der kältesten Zone auf. Ideal ist hierbei die unterste Glasplatte, auf ihr sind die Temperaturen am niedrigsten. Möchtest du rohes Fleisch lagern, fülle es um in eine Porzellanschale und decke es ab. So bleibt es länger frisch. Rücke 1 Feld vor.

Würfle nochmals:
Würfelst du 1, 2 oder 3, ziehe die gewürfelte Augenzahl nach vor,

würfelst du 4, 5 oder 6, ziehe 4 Felder rückwärts.

Joghurt
Da Joghurt zu den Milchprodukten zählt, sollte es bei niedrigeren Temperaturen vorzugsweise im mittleren Fach des Kühlschranks gelagert werden.

Würfle noch einmal: Bei 2 oder 4 darfst du 1 Feld vorrücken.

Tomaten im Kühlschrank?
Tomaten bewahrt ihr am besten bei einer Temperatur von ca. 13-18 °C auf, so erhalten sie Aroma und Ansehnlichkeit der Frucht. Also bitte nicht in den Kühlschrank. Gehe 1 Feld zurück.

Eier
Viele Kühlschrankmodelle haben eine extra Vorrichtung für die Lagerung von Eiern in der Kühlschranktür. Sollte euer Kühlschrank nicht darüber verfügen, lagerst du die Eier im obersten Fach, da die Temperaturen hier fast identisch sind. Rücke bis zum nächsten Kühlschranksymbol vor.

Butter
Für Butter ist das dafür vorgesehene Fach in der Kühlschranktür oder im obersten Fach des Kühlschranks der beste Aufbewahrungsort.

Gehe 2 Felder zurück.

Brot im Kühlschrank?

Brot bleibt länger frisch und die Kruste schön knusprig, wenn du es, bestenfalls in einer Papiertüte, bei Zimmertemperatur lagerst. Es gehört nicht in den Kühlschrank! Gehe 1 Feld zurück.

Saft

Frisch gepresste Säfte sowie bereits zum Verzehr geöffnete Saftflaschen oder -packungen können bis zu 5 Tage lang in der Kühlschranktür gelagert werden.

Leider hast du eine Packung am Tisch vergessen, gehe zum letzten Kühlschranksymbol zurück.

Karotten

Karotten lagern nach dem Kauf am besten im vorgesehenen Gemüsefach des Kühlschranks.

Ziehe 2 Felder vor.

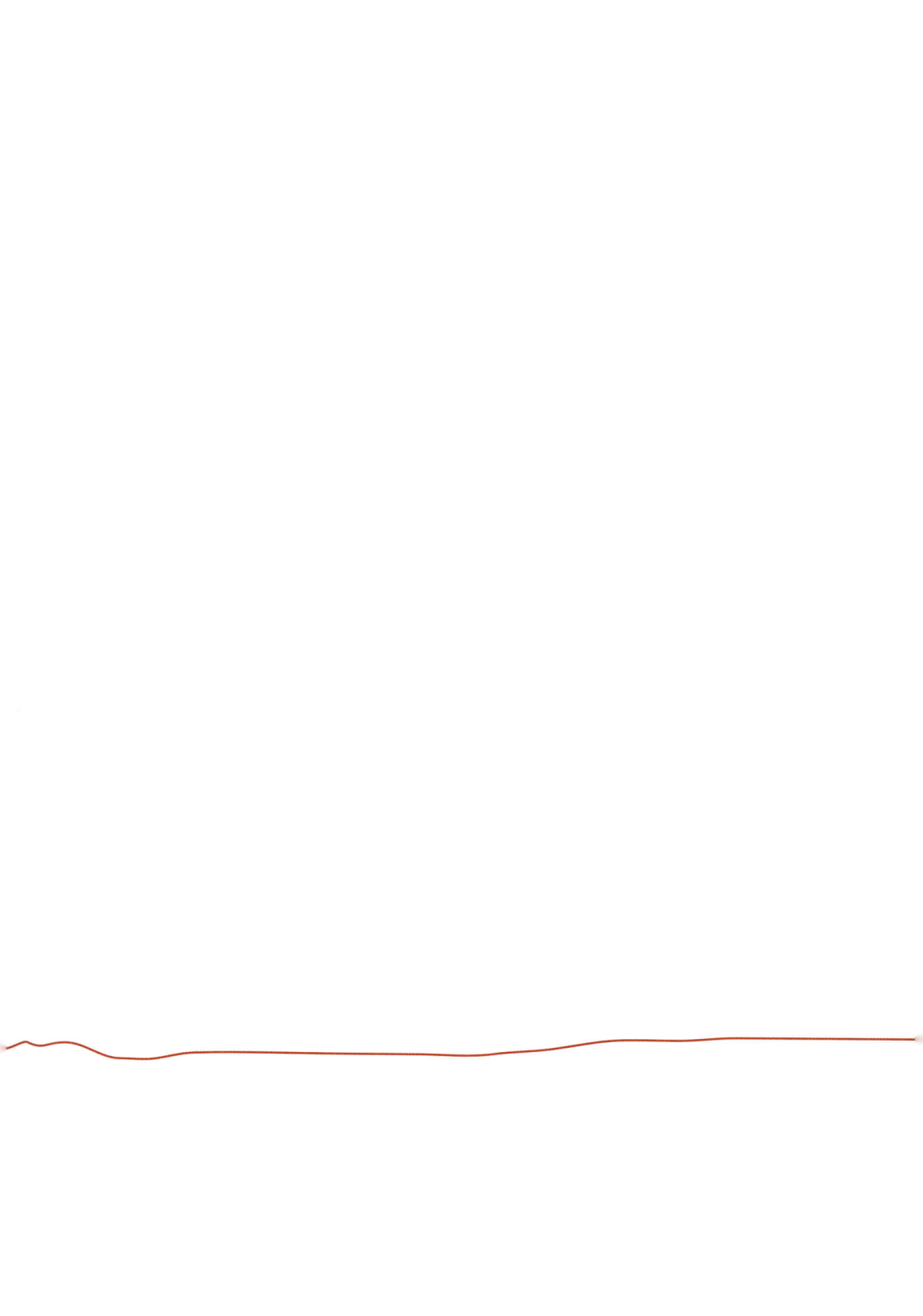

Hunger oder Appetit?

Diese Unterscheidung ist nicht ganz einfach, frage dich vor dem Essen:

- Worauf hast du Appetit?
- Wie spürst du deinen Hunger?

Essen und Fernsehen?

Manchmal werden Tätigkeiten mit Essen verknüpft und zum Essauslöser. Zum Beispiel: „Fernseher anschalten" macht Lust auf Essen.

„Süchtig" nach Chips oder Popcorn?

Wusstest du, dass der Geschmack von Fett auf der Zunge – schon bevor das Essen heruntergeschluckt wird – dazu führt, dass im Darm süchtig machende Substanzen (Cannabinoide) ausgeschüttet werden? Diese lösen im Gehirn ein Hungergefühl aus und verstärken die Lust auf fettige Snacks.

Mache Essen zu einem puren Erlebnis! Lade deine Familie zum DVD-Schauen ein. Davor gibt es einen gemeinsamen Snack. Während des Filmschauens kann Kaugummi gekaut werden. Steht ein Kinobesuch an, snackt gemeinsam Popcorn vor oder nach dem Film.

Koch noch mal!

Gefüllte Ofenkartoffel

Den Backofen auf 200 Grad vorheizen. Die Kartoffeln gründlich waschen und ca. 1 Stunde auf mittlerer Schiene backen. Für die Fülle die Gurke schälen, fein raspeln und gut ausdrücken. Das Joghurt mit Gurkenraspeln und Dille vermischen und mit Salz und zerdrücktem Knoblauch würzen. Die Kartoffeln aus dem Ofen nehmen, an der Oberseite mit einem scharfen Messer einschneiden und auseinanderdrücken, sodass ein Hohlraum entsteht. Mit Gurkencreme füllen.

Du brauchst:
- 8 mittelgroße Kartoffeln
- 1 Salatgurke
- 250 g Joghurt
- 1 TL Dille
- Salz
- 1 Knoblauchzehe

Bunter Salat

Salat und Gemüse waschen und abtropfen lassen. Die Zwiebel sehr fein hacken. Tomaten, Paprika, Gurke und Mozzarella in 1 cm große Würfel schneiden. Salat in 1 cm breite Streifen schneiden. In einer Schüssel Senf mit Öl verrühren und langsam den Essig einrühren, salzen und mit Kräutern abschmecken.

Du brauchst:
- 300 g Chinakohlsalat
- 1 rote Paprikaschote
- 5 Tomaten
- ½ Salatgurke
- 1 rote Zwiebel
- 200 g Mozzarella
- 2 TL Senf
- 5 EL Olivenöl
- 3 EL Weißweinessig
- Salz
- 50 g italienische Kräuter

Auch Salatmuffel mögen diesen Salat!

Süßes für Schmackofits

Apfelknödel mit Zimtzucker

Die Äpfel schälen und würfelig schneiden. Mehl, Zucker und Ei zu einem Teig bereiten. Mit nassen Händen kleine Knödel formen und in leicht wallendem Wasser ca. 10 Minuten ziehen lassen. Mit heißer Butter und Zimtzucker servieren.

Du brauchst:
- 1 kg Äpfel
- 200 g griffiges Mehl
- 100 g Zucker
- 1 Ei
- 100 g Butter
- Etwas Zimt

Mohntörtchen mit Apfel

Eiweiß mit Wasser zu festem Schnee schlagen. Den Zucker einschlagen und nach und nach die Eigelbe unterrühren. Mohn, Mandeln und die geriebenen Äpfel unterheben und bei 180 Grad im Backofen ca. 15 Minuten in einer Muffinform backen.

Du brauchst:
- 3 Eier
- 2 EL kaltes Wasser
- 100 g Staubzucker
- Vanillezucker
- 90 g ger. Mohn
- 70 g ger. Mandeln
- 2–3 mittelgroße geriebene Äpfel
- 1 Muffinform

Heute mal Mehlspeisenkaiser!

Noch mehr Süßes

Überbackener Topfenstrudel

Butter, Zucker, Mehl und 5 Eigelb schaumig rühren, Vanillezucker, Topfen und Rahm zufügen. Aus 6 Eiweiß Schnee schlagen, dann 120 g Zucker dazugeben. Vorsichtig die Schneemasse unterheben. Eine Kastenform mit den Strudelblättern auslegen, mit der Topfenmasse und Marillen füllen, mit den überlappenden Strudelblättern bedecken und eine ½ Stunde im Backofen backen. Das restliche Eigelb mit ½ l Milch versprudeln, über den vorgebackenen Strudel geben und bei 180 Grad fertig backen.

Du brauchst:
- 130 g Butter
- 60 g Zucker
- 60 g Mehl
- 6 Eier
- 1 TL Vanillezucker
- ½ kg Topfen (Quark)
- ¼ l Rahm
- 120 g Zucker
- 1 Kastenform
- 1 Packung Strudelteig
- 400 g Marillen (Aprikosen)
- ½ l Milch

Erdbeer-Slush

Angetaute Erdbeeren mit Minze, dem Saft einer halben Zitrone und etwas Wasser mit dem Stabmixer zerkleinern. Slush probieren und nach Bedarf süßen. In einem Krug mit ein paar Eiswürfeln und einem Blatt Minze servieren.

Du brauchst:
- 400 g Erdbeeren tiefgekühlt
- Einige Minzblätter
- ½ Zitrone
- Feiner Zucker nach Geschmack
- 2–4 Eiswürfel

Süßes ist erlaubt. Hin und wieder (maximal 3 x pro Woche) kannst du ruhig mal eine kleine Süßigkeit nach einem Mittagessen genießen – nur achte auch hier auf die Abwechslung und dass es nicht zur Gewohnheit wird!

Koch-Geschichte

Idee für einen Kindergeburtstag: Lade mal deine Freunde zum Kochen ein oder veranstalte ein Bankett, wo du Obst in einer tollen Schale auf den Tisch stellst und festlich schmückst.

Kochen?

In der Steinzeit ging es dem Jäger und Sammler einfach nur darum, durch Essen zu überleben. Doch bald bemerkten auch diese, dass Speisen durch besondere Zutaten oder Zubereitungsarten besser schmecken.

Man lernte den Umgang mit Kräutern und Gewürzen. Das erlegte Wild wurde mit Kräutern mariniert und mit Waldfrüchten gereicht.

Erst als die Menschen Reisen unternahmen und Lebensmittel sowie Gewürze tauschten, wurden die Speisen immer bunter und vielfältiger.

INFO

Seit der Antike gibt es Bankette, wo man prunkvoll speiste, im hohen Mittelalter aßen die Menschen eher genügsam, in der Renaissance wieder prunkvoll und üppig. Stell dir vor, das „Fasanenbankett" (ein Essen, welches von Philippe dem Guten, Herzog von Burgund, 1454 ausgerichtet wurde) umfasste 400 Gänge!

Essen mit Fingern!

Bis ins 15. Jahrhundert wurde ausschließlich mit den Fingern gegessen. Du kannst dir sicherlich vorstellen, dass man sich sehr bald Regeln für das Benehmen bei Tisch ausdachte. In den Benimmregeln aus dem 13. Jahrhundert heißt es, dass man die Hände und Fingernägel sauberhalten soll, damit der Griff in die gemeinsame Schüssel bei Tisch keinen Ekel hervorruft. Bis heute wird in vielen Teilen der Welt noch mit den Fingern gegessen. Du erspürst mit einem Sinn mehr die Nahrung, probier auch du das Essen mit Fingern ganz bewusst aus!

Pikanter Spieß gegrillt

Den Lungenbraten in kleine Stücke schneiden und abwechselnd mit Zwiebel-, Paprika- und Champignonstücken auf einen Spieß auffädeln. Den ganzen Spieß mit einem Öl-Kräuter-Salz-Pfeffergemisch marinieren. Die Kartoffelscheiben (ca. 5 mm dick) im Backofen mit etwas Kümmel und Salz bestreut 20 Minuten braten. Die Spieße im Backofen bei 250 Grad ca. 15 Minuten grillen (einmal wenden). Einfach mit den Fingern genießen.

Du brauchst:
- 400 g Schweinslungenbraten
- 200 g Zwiebeln
- 120 g rote Paprika
- 120 g Champignons
- Spieße
- 10 g Öl
- Kräuter
- Salz, Pfeffer
- 600 g Kartoffelscheiben
- Kümmel

Plane ein Fingeressen. Kartoffelpuffer mit Dillsauce zum Dippen (Seite 39), Gemüsesticks oder die Tortillachips mit bunten Gemüseschüsseln (Seite 101) sind ideale Möglichkeiten mit den Fingern zu essen!

Von wegen nur gesund!

Ein uralter Grundsatz lautet: Feiern und Fasten. Denn die Einschränkung und der Verzicht machen den Genuss danach noch intensiver.

Also feiere mit besonderem Essen das Leben! Ständiges CO_2-Zählen würde da nur den Genuss verderben. Dennoch gilt es, das Fastenprinzip gleich in den darauffolgenden Tagen umzusetzen, das heißt, nach üppigen Tagen folgen Gerichte, die nur mit wenigen Zutaten auskommen.

» Feiern und Fasten ist ein uralter Lebensrhythmus. «

Hier ein Vorschlag für 4 Tage:

	Frühstück	Jause	Abendessen
Do	Ei-Dipper	Pausenknabberei	Käsepudding
Fr	Guten-Morgen-Drink	Grahamweckerl mit Frischkäse	Zucchini-Kartoffel-Lachspuffer
Sa	Cornflakes	Gurkenbecher	Spaghetti mit Gemüsesugo
So	Knäckebrot und Ei	Obst mit Honig	Pikanter Spieß gregrillt

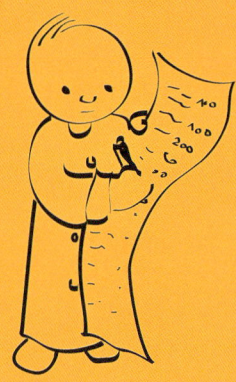

Unser Menü

Plant eure gemeinsamen Mahlzeiten:

Wochenplan

	Frühstück	Jause	Abendessen
Mo			
Di			
Mi			
Do			
Fr			
Sa			
So			

Für besondere Tage

Sonntags darf es etwas Besonderes sein, wie z. B. Gerichte mit ein paar besonderen Zutaten (Fleischspezialitäten, Pilze, Meeresfrüchte) oder ein ganzer Braten, und natürlich darf an diesem Tag ein Dessert nicht fehlen.

Auf der nächsten Seite erwartet dich zum Abschluss das „Mit dem Essen sollst du spielen – das Spiel".

159

"Viel Spaß!"

31 Gemeinsam gefrühstückt	30	29 Familienpicknick	28
24 Vitamin-Plus: Obst und Gemüsesticks geknabbert	25	26 Uff – zu viel genascht	27
15 Frisch gekocht	14 Acht Fitmacher am Tag gegessen	13	12 Kühlschrank richtig eingeräumt
8	9 Du achtest beim Einkauf auf Bio und Regional!	10	11 Nebenbei gegessen

Spielanleitung:

Auf den Aktionsfeldern erfährst du, was zu tun ist. Manche Felder bringen dich schneller vorwärts. Es können mehrere Spieler auf einem Feld gleichzeitig stehen. Um ins Ziel zu kommen, musst du punktgenau würfeln!

Du brauchst:
- 1–4 Spielfiguren
- 1 Würfel
- 1–4 Spieler

Impressum
Bibliografische Information der Deutschen Nationalbibliothek
Die Deutsche Nationalbibliothek verzeichnet diese Publikation in der Deutschen Nationalbibliografie; detaillierte bibliografische Daten sind im Internet über http://dnb.d-nb.de abrufbar.

Printed in Austria

Alle Rechte, insbesondere das Recht der Vervielfältigung und Verbreitung sowie der Übersetzung, vorbehalten. Kein Teil des Werkes darf in irgendeiner Form (durch Fotokopie, Mikrofilm oder ein anderes Verfahren) ohne schriftliche Genehmigung des Verlages reproduziert oder unter Verwendung elektronischer Systeme gespeichert, verarbeitet, vervielfältigt oder verbreitet werden.

1. Auflage 2014
© 2014 by Braumüller GmbH
Servitengasse 5, A-1090 Wien | www.braumueller.at

Quellennachweis: S. 5, rechts: TatyanaGl/istockphoto; S. 46, links: PrairieArtProject; S. 98 oben: © FAIRTRADE Österreich; Schmackofit-Song (Noten), S. 133: Jan Blahuta. Coverfoto: Wojciech Gajda / istockphoto, Fotos Umschlagrückseite: PrairieArtProject, Artranq, gldburger, TatyanaGl/istockphoto
Der Verlag und die Autorin bedanken sich noch bei Jürgen Hammerschmid und Sebastian Backhausen für die Zurverfügungstellung von Bildmaterial.

Grafik, Foto und Illustration: Claudia Litschauer
Druck: Druckerei Theiss GmbH, A-9431 St. Stefan im Lavanttal
ISBN 978-3-99100-119-5